10秒で人を操る心理術

内藤誼人

PHP文庫

○本表紙図柄＝ロゼッタ・ストーン（大英博物館蔵）
○本表紙デザイン＋紋章＝上田晃郷

はじめに

本書のタイトルは『10秒で人を操る心理術』である。

タイトル通り、一瞬で思いどおりに人を動かす心理学の知見を、誰でもわかるように説明している。

しかし、本当に「10秒」だけで、しかも「人を操る」だなんて、そんなことができるのか、疑問に思う読者もいるかもしれない。

しかし、ここで断言しておこう。

心理法則のカラクリさえ身につければ、催眠術師でなくても、超能力なんてなくても、人は簡単に操ることができる。

じつは、あなたはすでにコミュニケーションを通じて、他人を操りながら生きている。何かを頼んだり命令したりして、自分の主張を相手に理解してもらい、あなたの思いどおりに動かそうとしている。

これを心理学では「説得」という。

そして、あなたの「説得」が成功し、うまく人を操ることができることもあれば、相手の抵抗や拒絶にあい、失敗することもある。

そう、周囲の人々との日々のコミュニケーションは、自分の主張を相手に理解してもらうための「説得」の連続なのだ。

ここで、ひとつ質問したい。あなたは人を「説得」するとき、時間をかければかけるほど、いい結果が生まれると思うだろうか？

たしかに、「三顧の礼」なんて言葉があるように、礼を尽くして誠意を示すことが求められる場合もあるだろう。

しかし、本書で紹介する心理学の知見は、「人間の心は、コミュニケーションの最初の一瞬に大きく左右される」ことを示している。

最初の挨拶の一言だけで。

タイミングよく発せられた言葉ひとつで。

ちょっとだけ見せた笑顔ひとつで。
かすかな身体の動きひとつで。

これだけで、あなたの「説得」が成功するかどうかが決まってしまうのだ。

このことは、少し考えてみれば誰にでもわかる簡単な事実である。

たとえば、お笑い芸人のやり取りを想像してほしい。ボケの一言に対して、一瞬でツッコミを入れられないお笑いほど、つまらないものはないだろう。

あるいは、家電売り場の店員に、「この新製品の一番の魅力は何ですか？」と尋ねたのに、「えーっと、それは……」などと口ごもり、答えが一瞬で返ってこないようでは、買う気はすっかり失せてしまうはずだ。

このようにコミュニケーションは、いちいち考えずに、一瞬で口をついて出る言葉によって成り立っている。

だからこそ、相手を説得し、思いどおりに動いてもらうためには、適切な言葉が一瞬で出るようにしなければならない。

「お笑い芸人みたいに、頭が速く回らない」
「一瞬で何でも説明できるほど、口が達者じゃないよ」

ここまでお話しして、そんな風に思った人もいるだろう。

大丈夫。頭の回転が特別に速いわけではなくても、口が達者でなくても、人は操ることができる——たとえば、無言であっても、人を操ることは可能だ。

それを可能にするのが、心理学の知見である。人間の心理に沿った言葉や動きを知っておけば、10秒で人を操ることなどたやすいものだ。

あるいは、本書の知見を使えば、あなたを「操ろう」としてくる人々に対して、それを防ぐことだってできるだろう。

これで、本書のタイトルが『10秒で人を操る心理術』である理由をご理解いただけたと思う。

私は、心理学とはコミュニケーションの研究であり、人間関係の秘密を法則にするのが仕事だと思っている。

日本人は人間関係に悩む人が多い。しかし、心理学の知見を使えば、簡単に解決するものも多いはずだと信じている。

仕事やプライベート、恋愛や家族関係など、無用な衝突をすることなく、社会的にも成功を得られる。そして何より、幸せになれる。

「人を操る」というと、なんだかイヤな感じがする人もいるかもしれない。

しかし、少なくとも本書は、少しでも人間関係の悩みから人々を解き放ちたい、その一心で書かれていることを、最初にお伝えしておきたい。

本書が、読者の人間関係の悩みを解決する一助になれば幸いである。

内藤誼人

10秒で人を操る心理術　目次

第2章 質問で人を操る

第3章 沈黙で人を操る

第4章 心理法則で人を操る

第5章 暗示で人を操る

第6章 権威で人を操る

第7章 しぐさで人を操る

第8章 遠回しに人を操る

第1章 会話で人を操る

〝人を操る〟とは、なんて不遜な行為でしょうか。
それも、意のままに操作してしまうのです。
しかし、人の心は、意外とたやすく揺り動かされるもの。
映画を観るだけで、絵画を鑑賞するだけで、
本を読むだけで、心はあっさりとその虜(とりこ)にされてしまう。
その最も強力なものが「言葉」、つまり「会話」なのです。

心理術
01

印象に残る人と残らない人の「ある違い」とは？

相手に何かを伝えて理解してもらいたいのに、軽く聞き流されてしまうことはよくあります。

とくに相手が忙しいときには、「うん、わかった。また後で」などとあしらわれますが、相手は次の瞬間にはこちらのことなど少しも覚えていません。

そんな取りつく島もない相手であっても、何度も何度もお願いすれば、「しつこいヤツだな〜」と嫌味を言われながらも、確実に記憶にとどめてもらえるようになります。

つまり、たとえばデートの誘いを1回断られたからといって、諦めるのは早いということです。もし1回で諦めてしまえば、相手はあなたに誘われたことすら忘れてしまうかもしれません。

1回断られても、めげずに2回、3回と誘ってみましょう。そうやってしつこくねばるうちに、相手の記憶には確実にあなたの存在が刻まれていきます。記憶に残ることになれば、相手の心にもあなたの存在が残り、相手の心までも揺り動かすことができるようになります。

しつこいくらい、くり返すだけ

ここで、その心理学的証拠を提示しましょう。

オハイオ州立大学のリー・マッコロー博士は、架空の男性用アフターシェーブローションの広告を使って、くり返し効果と忘却の関係について実験をおこないました。すると、広告を1回見せるよりも、やはり5回見せたほうが記憶に残ったのです。

つまり、意識的にも無意識的にも、人間の記憶はくり返しによって強化されるということです。しつこくてもかまわない。何度も何度もくり返して、記憶を強固なものにしていきましょう。

相手の中にそうした記憶が残ればしめたもの。その記憶こそが、あなたの説得の第一歩になるからです。

存在感を出すには〝量〟で勝負

心理術02

お願いは1つするより「同時にたくさん」すべし

くり返しが〝量〟だとしたら、この〝数〟は主張の多さを意味しています。

結論からいってしまえば、人は1つの主張よりも、より多くの主張があったほうが説得されやすいということです。

先に実験データから紹介しましょう。

イリノイ大学のボビー・カルダー博士は、〝数〟の重要性について、模擬裁判実験をおこないました。その結果、検察側の論点が1つだと、有罪とする評価が9点満点中の3・09点となり、論点が4つだと4・77点、論点が7つだと4・97点になりました。

つまり、争点となる論点が多ければ多いほど、検察側の主張が通り、有罪となる確率が上がったのです。

このことから、人に何かをお願いするときには、数多くのお願い項目があったほうがいいことがわかります。

思いつくかぎりの要望を伝える

たとえば、飛行機の座席をリクエストするときには、

「非常口に近い席がいい」

「近くに子どもがいない席にして」

「静かに眠れるところがいい」

といった具合で、思いつくかぎりのリクエストを出す。

もっとも、どの要望が通るのかはわかりません。１つだけかもしれないし、全部

受け入れられるかもしれません。

ただ、確実にいえるのは「何もリクエストしなければ、イヤな席に回される可能性が高い」ということです。

会社での企画会議であれば、自信満々のA案を1つだけ提示するのは、賢明ではありません。どんなにあなたに自信があろうと、採用されるとはかぎらないからです。

かならずA案だけでなく、B案、C案と数多くの企画案を用意しましょう。そうすれば、あなたの企画が採用される確率はグッと上がるはずです。

リクエストはした者勝ち

心理術 03
説得に根拠はいらない

よく耳にする話ですが、最近の小中学校の先生方は自信を喪失しているらしいです。

先生のいうことを聞かない生徒が多くなってきているとか、学校に無茶な抗議ばかりするモンスターペアレントに怯えているとか、事情はいろいろあるでしょう。

しかし、そもそも先生方が自信をもって教えないからこそ、生徒に先生の主張が伝わらず、よけいに自信をなくすことになっているのだと筆者は考えています。

人に何かを教えるときや何かを説得するときに、自分に自信がなければ、それは相手に伝わってしまうものなのです。

「ここで叱ると、この子の親からクレームがくるかも」とか「こんな要求、どうせ聞いてもらえない」とか「こんな無茶をしたら嫌われるかもしれない」と思っていると、その気持ちはかならずオモテに出てしまいます。

反対に、自信満々で、確信に満ちた態度で堂々と主張すれば、聞く者の心を動かし、説得しやすくなります。

「たぶん」「もしかしたら」はNGワード

スタンフォード大学のユーマ・カーマーカー博士は、あるイタリアンレストランを評価する文章を105名の大学生に読ませる実験をしました。

その文章は「確信をもって評価している」ものと、そうでないものの2種類を用意し、別々のグループに読ませました。その結果はもちろん、「確信をもって評価している」文章を読んだグループのほうが、より心を動かされたのです。

だから、自信のなさを見せては絶対にダメなのです。「たぶん」や「もしかしたら」などという言葉を使っては、相手の心は動かせません。

根拠のない話でもいいのです。理由っぽいものが少しでもあれば十分。ただ自信をもって、確信に満ちた態度で主張すれば、人の心は動かせるのです。

根拠より自信が大事

心理術 04

「大きく低い声」で話せば、自然と信頼される

小さな声でぼそぼそと話す人は、なんとなく頼りないものです。これは多くの人が実感していることでしょう。そして自信家の人ほど大きな声で堂々と話す、と。

しかし、これは順番が逆です。自信家だから声が大きいのではなく、声が大きいから自信ありげで、堂々として見えるのです。

マサチューセッツ州にあるブランダイス大学の心理学者、ジャネット・ロビンソンの実験を紹介しましょう。

彼女は2人の男が会話している音声をテープに録音し、被験者に聞かせる実験を

おこないました。このとき、テープを再生する音量を70デシベルと75デシベルに分けて聞かせました。ちなみに5デシベルという音量の差は、人間の耳ではほとんど区別できないレベルのものです。

この実験結果は驚くべきものでした。つまり被験者たちは、75デシベルのテープのほうが「論理的で話に説得力がある」と答えたのです。

ということは、声のボリュームをほんの少し上げるだけで、話に説得力をもたせ、相手の心をより大きく動かすことができるということです。声の大きさを倍にしろとはいいません。2割増し程度でいいから、これまでより大きな声で話すようにしましょう。

自分を大物に見せるちょっとしたコツ

大きな声で話せるようになったら、次にはなるべく低い声で話すようにしたいものです。左ページの図に示した実験結果からわかるように、人は低い声で話される

低い声ほど信頼感が高くなる

実験内容

コロンビア大学の心理学者ウィリアム・アップルは 40 名の男子学生を対象に、「声の高さによって人が受ける印象がどのように変化するのか」を調査した。

社会問題を論じた同じ文章の音声テープを、機械的に「低い声」「普通の声」「高い声」の3種類に分け、それぞれを学生たちに聞かせた。

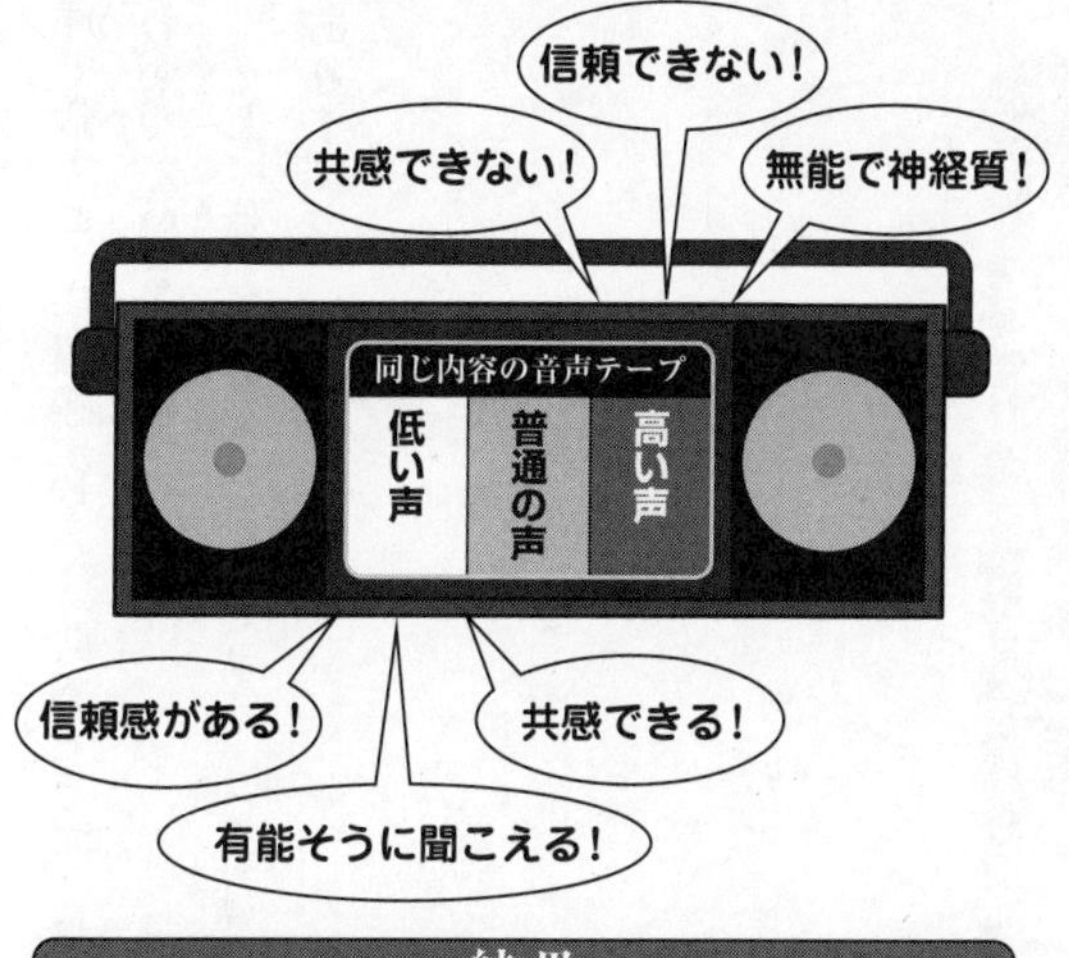

結果

低い声で話すほど信頼感が高まり、高い声で話すと、信頼感がなく、共感できず、無能で神経質、という評価を受けていた。

ほど、その内容を信頼するようになるのです。

またこの実験では、高い声で話すと、信頼感がなく、共感できず、無能で神経質、という評価を受けることもわかっています。

説得するときには大きく、そして低い声を意識しましょう。これは自分を冷静沈着な大物に見せるコツでもあります。

人前で話すときは大きく低い声で

心理術 05

恐怖心をあおると、人は簡単に動かせる

たとえば、あなたが禁煙に何度も失敗していると仮定しましょう。ニコチンガムもパッチも試したけれど効果がなかった。もう二度と禁煙なんてしないと諦めるつもりでいたとします。

しかし、お医者さんから「今すぐ禁煙しないと、死んでしまいますよ」と宣告されたら、どうするでしょうか。

少なくとも「禁煙したらもっと長生きできますよ」といった前向きなメッセージとは比べものにならないほどの恐怖心を感じるはずです。

言葉としてインパクトがこれだけ変わるのです。

心理学では、前者のようにネガティブな表現のことを「ネガティブ・フレーム」と呼び、後者のようにポジティブな表現のことを「ポジティブ・フレーム」と呼んでいます。

そして、説得効果のみで考えるなら、明らかにネガティブ・フレームのほうが効果が高いのです。言葉の枠組みをほんの少し変えるだけで、説得効果は格段にアップします。

「得をしますよ」より「損するよ」のほうが効果的

ペンシルベニア州にあるベーレントカレッジの心理学者メアリー・ピントは、全米で人気の24の雑誌（フォーブスやニューズウィーク、ヴォーグなど）に掲載されている広告を3000以上、分析しました。

その結果、広告で商品をアピールするのに最も多く使われていた手法は「恐怖心をあおる」というもので、これが43%でした。

説得にはネガティブ・フレームが効く

ポジティブ・フレーム

「タバコをやめると食事がおいしくなるよ」

「甘いものを減らせば痩せられるよ」

「新聞を読んだら知識が増えるぞ」

言葉として優しく響く

ふだんはできるだけポジティブ・フレームを使う

ネガティブ・フレーム

「タバコ吸っているとガンで死ぬぞ」

「甘いものばかり食べていると太るぞ」

「新聞くらい読まないとバカになるぞ」

言葉として強いインパクトがある

どうしても相手を説得したいときはネガティブ・フレームを使う

要するに「このままでは太りますよ」「病気になりますよ」「異性にモテませんよ」といったネガティブなメッセージによって、読者の恐怖心をあおっていたのです。

広告業界でこれだけネガティブ・フレームが溢れ返っているということは、それだけ恐怖による説得の効果が高いということの証拠でしょう。

ネガティブ・フレームのほうが説得の効果が高い

心理術
06

伝えたい内容とイメージはセットで話すべし

人を説得するときに、その内容を相手がイメージできなければ、相手にあなたのメッセージは伝わらず、意味をなしません。つまり、説得などできません。

たとえば、そろそろ寝室のベッドを買い替えたいと思っている妻が、その説得を夫にする場合、なんと説明すれば夫は同意してくれるでしょうか。

「最新の人間工学に基づいているんですって」「ダブルクッションよ」

と説明したところで、夫の頭には何も浮かびません。

「多数のコイルが体中を雲のように支えるから、腰がラクなの」

「ダブルクッションで羽毛布団のように沈むのよ」
「ベッドに入ることが楽しくなりそうだわ」
などと説明すれば、夫の頭には具体的なイメージが次々に浮かび上がり、喜んで買い替えに同意するでしょう。

イメージさせるだけで合格率が上がった

オーストラリアのニューサウスウェールズ大学のグラハム・クーパー博士のおこなった実験報告があります。

博士は中学生を対象に、これまで習ったことのないエクセル（表計算ソフト）の手順を学ばせました。

その際、ただ手順を学ばせたグループと、「手順をイメージさせながら」学ばせたグループに分け、その後の試験で習熟度を調査しました。

その結果、前者が平均解答時間403秒で合格率87・5％だったのに対し、「イメージさせながら」学ばせたグループでは、平均解答時間250秒で95・5%の合格率でした。

つまり、イメージさせながら学んだ生徒のほうが、時間も速く、なおかつ正確に操作できていたのです。

やっていることに変わりはないのに、頭の中でイメージを描くかどうかだけで、結果は大きく変わってきます。

目の前に対象物があるわけでもないのに、イメージできるかどうかだけで、説得効果は変わるのです。

イメージが伝わらないと効果半減

心理術 07

人は「笑っている」とき、理性的に考えられない

笑いは会話の潤滑油になります。

ここでの潤滑油とは、ただ会話をスムーズに進行させるためだけにあるのではありません。笑いとは「相手の心の扉を開く」ための潤滑油でもあるのです。

たとえば、壺の訪問販売にやってきたセールスマンと話しているときは、多くの人が警戒心や緊張感を抱いています。しかし、セールスマンの軽妙なトークによって、少しでも笑ってしまったら、もうおしまいです。

警戒心や緊張感が消え失せ、あなたは心の扉を開いてしまうでしょう。そして、

まんまと壺を買うはめになってしまうのです。

笑いは心のガードをゆるめてしまう

また、ユーモアそのものが人の関心を引く、というデータもあるので紹介しておきます。

オランダのラドボウド大学のマデリン・ストリック博士が91人の大学生を対象に、栄養ドリンクの架空の広告を見せておこなった実験です。

使われた広告は、効能を列挙した一般的な広告と、ユーモアのある漫画付き広告の2種類。そしてそれぞれの印象を調べたところ、ユーモアを使った広告のほうが関心を引き、購買意欲も高まることがわかったのです。

ストリック博士は、ユーモアは、影響を受けていることに気づかせないで説得することを可能にすると指摘しています。

つまりユーモアは、警戒心や理性的な判断を無力化し、心の中に入り込む力をもっているのです。

ユーモアや笑いは、それだけで人を楽しい気分にさせます。そして楽しい気分は、その対象に好意をもたせることができます。

本当は欲しくもなんともない壺だったのに、セールスマンの軽妙なトークにさんざん笑わせられたあなたは、もはや「帰ってください」とは言えなくなるのです。

話にユーモアを盛り込む

心理術 08

記憶を書き換える会話術

人は自分の記憶に絶対の自信をもっています。しかし、本当は、人の記憶ほど当てにならないものはないのです。ここでいう記憶とは、物忘れとか、ど忘れとか、そんなレベルのお話ではありません。

人の記憶というものは、忘却どころか、タチの悪いことに、他者によって簡単に書き換えられてしまうほど不確かなものなのです。

ケント州立大学のマリア・ザラゴザは、記憶の捏造（ねつぞう）について興味深い実験をおこなっています。

まず、255名の大学生に5分間の強盗場面のビデオを見せました。

そして上映終了後にビデオの内容について質問していくのですが、このときビデオ中にはまったくなかった情報を、彼らの記憶に埋め込んでいったのです。

たとえば、犯人は手袋をしていなかったのに「あの手袋をはめた犯人ですが……」と質問したり、犬などいなかったのに「吠えている犬がいたと思いますが……」と聞いてみたりして、暗示をかけたのです。

そしてザラゴザの実験によると、「犬」なら「犬」の暗示を1回だけかけた場合よりも、暗示を3回かけた場合のほうが、記憶の歪み(ゆが)が6倍以上も大きくなっていたといいます。

あたかも「決まったこと」のように前提を盛り込む

この記憶の書き換えは、通常のビジネスシーンでも大いに使えます。

たとえば相手に対して「たしか本日ご契約いただけるというお話でしたが……」

「Aプランでのお申し込みということでしたが……」などと前提を盛り込みつつ、話を進めてみるのです。

相手は「あれ？　そんな話したっけ？」と思いながらも、契約まで話を進めてしまうかもしれません。

平然と話せば記憶は書き換えられる

陽気な声で話しかけよう

誰でも陽気な声で話しかけられると、それだけで嬉しくなるというもの。反対に陰気な声で話しかけられると、とたんにイヤ～な気分になってしまうはずです。

コロンビア大学のトリー・ヒギンス博士は75名の大学生にテレビゲームをやらせ、一方のグループには陽気な声で「うまいな！　うまくプレイできたらポーカーのチップをあげよう」と声をかけました。

しかし別のグループには、まじめな声で声をかけました。

実験を終えて自由時間にし、実験者がいなくなっても学生たちが同じゲームをやり続けるかどうかを調査したのです。

すると、「陽気な声」をかけられたグループでは70・7％が同じゲームを選んだのに対し、「まじめな声」をかけられたグループでは44・1％しか同じゲームを選びませんでした。

つまり、陽気な声をかけられたグループほどそのゲームが楽しくなり、もっとその気持ちを持続させたいと思ったのです。

だから、とくに励ましの言葉やねぎらいの言葉を人にかけるときは、努めて陽気な声を出すようにしましょう。それだけで、相手にはちゃんとメッセージが伝わるのです。

イメージとしては、〝元気な子どもの弾(はず)んだような声〟が最高です。

第2章 質問で人を操る

説得というと、要求をグイグイと押しつけるイメージがあります。
そこで一転し、もっと〝受け身〟な方法を紹介しましょう。
それが、「質問」です。
質問の仕方1つで、相手の言葉が変わり、心を操作できます。
それも、あくまで受け身なので、まったく気づかれずに、です。

心理術 09

命令ではなく「確認」する

最近の若いヤツは、ちょっと叱っただけで落ち込んでしまう。怒鳴っただけでパワハラ扱いされる。それどころか、平気で辞表を叩きつけてくる……。

いつの時代にあっても、若い部下とのコミュニケーションに悩むのが上司というものです。

そこで、どんな世代に対しても有効な心理術があります。「確認法」と呼ばれる手法で、質問の形をとりながら、じつは相手の心を操ってしまうテクニックです。

つまり、相手に何かを命じたい場合、「命令」ではなく「確認」に変えてみるのです。

たとえば「あの報告書、ちゃんと明日までに仕上げるんだぞ！」と命じたければ、「あの報告書、明日までに仕上がるよな？」と確認する質問に変えてみるのです。

言葉の枠組みを変えるだけ

他にもこんな例が考えられます。

×命令「こんな仕事、さっさと片づけろ！」
○確認「これくらい、お前ならすぐにできるだろ？」
×命令「今晩中に終わらせるんだぞ！」
○確認「今晩中に終わりそうかい？」
×命令「謝ってこい！」

○確認「謝りに行ったほうがいいんじゃないか？」

こうして言葉の枠組みを変えるだけで、かなり柔らかい印象になり、相手は説得されやすくなってしまいます。つまり質問の形にすることで、相手は選択権が自分にあるように感じられ、押しつけられているという事実を感じなくなるのです。ただし、あまりしつこく確認をくり返すと「ウザイ上司」になってしまうので、その点だけは注意しましょう。

問いかけ1つで結果は変わる

心理術10 思いどおりの答えが得られる質問の仕方

「誘導尋問」とは、質問する者が希望する内容の答弁を誘導することで、その供述を得ようとする質問手法です。

裁判では証人に対して誘導尋問することが禁じられているほど強力な心理術であるため、決して悪用してはいけませんが、じつは誰にでもできる手法でもあります。

フィラデルフィアにあるアーサイナス大学のガブリエル・プリンサイプ教授は、175名にあるお話を聞かせて、それから記憶のテストと称し、その内容について質問をしました。

ただし、その質問は、あえて事実とは反するような聞き方をしました。たとえば、お話の中では「ウサギがニンジンを食べた」などという事実はなかったのに、質問者はそしらぬ顔をして「ウサギが食べたのは何でしたか？　ニンジンでしたか？　それともレタスでしたか？」と尋ねたのです。

すると90％の人が、どちらかの野菜を「食べた」と答え、「ウサギは何も食べていません」と正しく答えられた人はわずか10％しかいませんでした。

つまり、相手の反応というものは、こちらの質問の仕方によって大きく歪めることができるということです。

「ワーディング」の効果

じつは、こうした誘導尋問のことを心理学では「ワーディング」と呼び、それを心理学の実験で使用することは厳しく戒められています。恣意(しい)的な調査結果を出すことなど、たやすいからです。

質問によって相手の反応は変わる
STEP 1
相手
こんなお話が
あります
あなた
STEP 2
相手
さて、ウサギが
食べていたのは
ニンジン？　レタス？
or
あなた
STEP 3
相手
はい。
○○を食べて
いました
あなた
実際には何も食べていなかったのに、
90％の人がニンジンかレタスを食べていたと答えた

しかし、あなたが仕事やプライベートの場で実践するぶんには何も問題ありません。

たとえば「みんな賛成してるんだけど、この企画どう思う?」と質問すれば、相手はかなりの確率で賛成してくれるでしょう。人を味方につけるには、巧みな質問によってうまく誘導してやることが肝心です。

相手の反応はこちらの質問によって変わる

心理術 11

相手が自ら謝り出す驚きの質問とは？

なぜ、えん罪が起きるのか？　なぜ、自分に不利なウソをついてしまうのか？

米国の心理学者S・カッシン博士の実験を紹介しましょう。

博士は被験者に、パソコンに一定速度で指示どおりのキーを打つ作業を与えました。ただし、その際に「Alt キーを押すとデータが全部消えてしまうので、絶対に押さないように」と念を押しておきました。

しかし、作業を始めてしばらくすると、突然パソコンが停止。被験者には隠して、あらかじめプログラミングされていた事態です。

被験者たちはAltキーを押してはいないのに、いきなりパソコンが停止したので慌てふためきました。

そこに驚いた博士が走ってきて「キミがAltキーを押したのか？」と問いつめた。「自分でも知らないうちに指が触れたんじゃないのか？」と詰問された被験者たちは、はたしてどんな反応を示したのでしょうか——。

覚えのないミスでも人は謝る

なんと、69％もの人が「はい、押しました」と認めてしまったのです。押した覚えなどありもしないのにです。

しかも、どうやって押したのかと尋ねると「こう、こうかな？　こんな感じに小指が……」などとインチキな記憶まで作り上げたのです。

つまり、覚えのないミスを他人から強引に責められると、そのストレスから逃れるために、人は安易に自分の落ち度を認めてしまうということです。

たとえば、あなたの連絡ミスでミーティングに遅刻してきた部下がいたら、あなたは素直に謝るかわりに、「2日前に知らせただろうが！　メールチェックしてないのか!?」と逆に部下の失態を責めてみたら、どうなるでしょうか。

かわいそうなその部下は、きっと自分の落ち度を認めてしまうでしょう。

人は安易に自分の落ち度を認めてしまう

心理術 12

確実な予定を知りたいときは「最悪の場合」を聞く

意識的であれ、無意識的であれ、人間は見栄を張ってしまう生き物です。

たとえば会社の後輩に「今度のプレゼン用の資料、明日までにできる?」と聞いたら、ほとんどの人が「できます」と答えるでしょう。

しかし、実際に翌日までにできるとはかぎりません。

カナダにあるサイモンフリーザー大学の心理学者、ロジャー・ビューラーは37名の大学生を対象に、こんな実験をおこないました。

まず、学生に論文の課題を出して、それを仕上げるのに必要な日数を予想させせました。すると平均「33・9日」が必要とされました。

次に「最悪のハプニングが次から次へと起きたとして、その場合にはどれくらいの日数が必要か」と質問したら、平均「48・6日」となりました。

ところが、現実に論文作成にかかった日数は、平均「55・5日」でした。

大学生たちは「自分ならこれくらいでできる」と見栄を張り、しかも論文を甘くみてしまったのです。

甘い読みをなくす聞き方のコツ

自分のこととなるとつい甘い点数をつけてしまうのが人間というもの。ビューラー博士のこの実験では、最悪の想定でさえ、実際にかかった日数からみれば甘い判断だったのです。

なので、現実に近い予測をしたいのであれば、最悪の事態を想定すれば、甘い読みはなくなります。

正確な情報を聞き出すには？

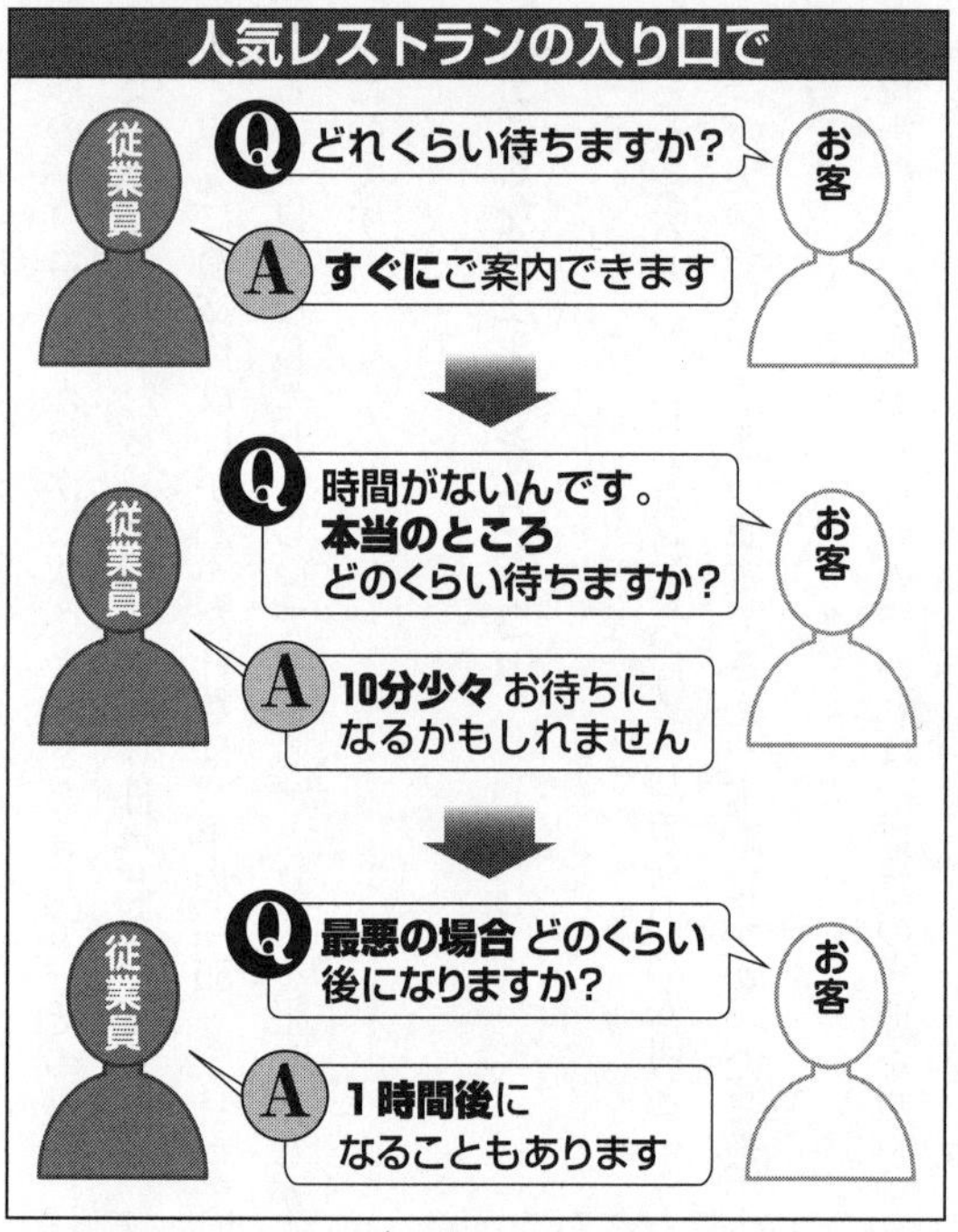

こちらの聞き方ひとつで、答えはさまざまに変わる。「最悪の事態」を想定させれば、かなり確実な予定を聞き出せるだろう

相手から正確な情報を聞き出そうと思うなら、「最悪、どれくらいかかりますか？」と質問するのがベストです。

とくに仕事上の納期や見積もりなどは、この方法で「最悪の場合」を聞いておくと、あとで余計な混乱を招かずにすむでしょう。

最悪の想定こそ現実的

心理術
13

「他人の視点」を介すと、本心を聞き出せる

あなたは初対面の人に対しても物怖(ものお)じせずに、思っていることをズバズバ主張できる快活なタイプですか？

それとも、相手のことをよくわかってからでないと、自分の意見を表明できない慎重なタイプですか？

米国ラバーン大学のN・ビューイ博士によると、わたしたちは「他人にどう見られているか」をひどく気にする生き物で、そのため、本当の意見をなかなか明かそうとしないのだそうです。

これを心理学では「評価への恐れ」と呼びます。

お互いまだよく知らない間柄なのに、軽はずみな一言を発して相手を怒らせてしまったり、誰かの悪口をつい言ってしまったりして評価を下げてしまうと、大きな痛手となります。その印象はなかなか消えてくれないからです。

そんな悪い評価を下されないように、人は自己防衛のため、本心を明かすことに慎重なのです。

プライベートな質問も意のままに操れる

とくにプライベートな質問になると、ホンネを明かさないのが普通です。たとえば「あなたはセックスが好きですか?」と尋ねられて、素直に答える人はいないでしょう。質問者に対して「なんて失礼な!」と怒りだす人も出てくるに違いありません。

しかし「多くの人はセックスが好きだと思いますか?」と聞かれれば、ほとんどの人が答えてくれるはずです。

他人の口を借りると口が軽くなる

他人に投影して聞くと……

みんなはA子さんを
いい人だと思っていますか?

うーん、あんまり
評判はよくないです

相手

A子

あなた

本心が見えてしまう！

**「周囲は」「一般的に」「ほとんどの人は」と
言い換えて他人に投影すると、
ホンネをもらしやすくなる**

つまり、「あなたのこと」としてではなく、「他人のこと」として尋ねればいいのです。

「あなたは正直者ですか？」と尋ねるのではなく、「ほとんどの人は正直者だと思いますか？」とか、「一般的に人は正直者だと思いますか？」などと聞いてみましょう。

そうすれば、自分のことではないので安心して質問に答えてくれます。しかも、他人のことといいながら、そこにはきちんと自分の意見も投影されているのです。

他人に投影させればホンネが出る

心理術
14
名前を呼ぶだけで好意が得られる

わたしたちは自分の名前が大好きです。

だから、人に質問するときには、なるべく相手の名前を呼びかけましょう。気持ちのいい質問のできる人、頼みごとのうまい人は、自然な形で相手の名前を付け加えることを忘れません。

飲み屋や美容院で、お店の人があなたの名前を呼んでくれると嬉しいものです。常連、上客として認められたような気分になるからです。

あるいは会社でも、上司から「オイ、これやっといてくれ」と頼まれるより、「〇

○君、これやっといてくれ」と名前を呼ばれたほうが気分よく仕事ができるでしょう。

心理学では、こうした心理を「社会的報酬」という言葉で説明します。相手の名前を呼ぶことは「あなたの存在を認めていますよ」「あなたの価値を認めていますよ」という報酬（プレゼント）行為になるのです。

名前を呼ぶだけでクッキーの購入率が変わった

米国南メソジスト大学のダニエル・ハワード博士は、名前の効果について次のような実験結果を報告しています。

まず、被験者の学生たち全員に自己紹介をさせ、その後話があるからと個別に部屋に呼び出し、次の3つの条件で会話をしました。

①名前を呼ぶ
②名前を呼ぼうとするものの「すまない、名前を忘れてしまった。もう一度教え

てもらえるかい?」と聞く

③名前をいっさい呼ばない

そしてハワード博士の持っているクッキーを買うかどうか聞いてみたところ、①では90%、②では60%、③では50%の学生がクッキーを購入しました。

つまり、名前を呼ばれると嬉しくなり、それが「社会的報酬」による懐柔策であることに気づかずに、財布のひもをゆるめてしまったのです。

質問にはかならず相手の名前を入れよう

心理術 15

遠い未来の話ほど受け入れてもらいやすい？

まだ小学生だったころ、あなたは自分の将来像をどう思い描いていたでしょうか。宇宙飛行士？　アイドル歌手？　プロサッカー選手？　それとも、億万長者との結婚？

どんな夢でもいいのですが、それが現実味を帯びてくる高校生や大学生になってからは、どんな変化をみせたでしょうか。

おそらく、幼いころの夢は夢として箱に収められ、現実的な選択肢だけが残されていったのではないでしょうか。

人は、遠い未来に関しては夢想家になり、多くの可能性があると信じますが、近い未来のことになると現実的になり、合理的な判断をして選択肢を減らすようになります。

遠い未来の話には「NO」と言いにくい

ここで興味深い実験データを紹介しましょう。南カリフォルニア大学のガルデン・アルクメン准教授による報告です。

まず、学生を2つのグループに分け、1つのグループに「来月のある1週間、どれくらい食事と娯楽にお金を使うか」を聞いたところ、平均額は430ドルでした。

しかし、もう一方のグループに「来年のある1週間、どれくらい食事と娯楽にお金を使うか」を聞いたところ、平均額は607ドルに増えていたのです。

つまり、近い未来には現実的になれますが、遠い未来のことになると現実味を感じられなくなってしまうのです。

そこで、要求が通らないときには、要求をいったん引っ込めて先延ばししてみましょう。そうすれば、選択される可能性が先送りされ、いつか要求が通るかもしれません。

消費税のさらなる増額議論も「今年からではなく数年後に増税」とされれば、うなずく人も多くなるというものです。

要求を先延ばしするのも手

心理術 16 やってはいけない質問法

胸襟を開いて語る、という言葉があります。その名のとおり襟を開いて（心のネクタイを外して）、ざっくばらんに語り合う、といった意味です。

しかし、いきなり相手につかみかかり、強引にネクタイを解くのはいけません。そんなものは単なる暴行だし、相手が異性だったら完全なセクハラ行為です。

ミシガン州立大学の心理学者、カルマン・カプランは「プライベートな質問」が人の心に与える影響について、こんな実験をしています。

実験は、被験者たちに疑似的なビジネスの採用面接をおこなうというもの。このとき、プライベートな質問を織り交ぜるか、一般的な質問のみにするか、2つの条件に分けて面接をおこないました。

ちなみに、ここでのプライベートな質問とは「あなたはセックスの夢を見ますか?」「初体験の年齢は?」「両親についた一番ひどいウソは?」といったものです。

そして疑似面接終了後、面接官への好意度を聞いたところ、プライベートな質問をしてきた場合は19・7点、一般的な質問だった場合は30・9点でした。

人は、いきなりプライベートな領域に踏み込まれるのを嫌うものなのです。

子どもに対してやってしまう失敗

ちなみに、この失敗を犯してしまうのはビジネスパーソンだけではありません。とくに注意してほしいのが、お母さんが子どもに「あなた、学校でいじめられてない?」などと聞くこと。

これはまさに、子どもの一番デリケートな領域に土足で踏み込むような質問です。

当然、子どもは「いじめられてないよ」と否定し、いつまでも本心を明かせないことになってしまうでしょう。

質問とは、かくもデリケートな心理術なのです。

相手の心に土足で踏み込むな

ＮＧワードにご用心

あらゆる会話において、人がたじろいでしまうようなＮＧワードがあります。説得する際にそのようなＮＧワードを使うと、その説得はかならず失敗に終わることになります。

そのひとつが「お金」です。

カリフォルニア大学のウェンディ・リュウ博士は１９９人を対象にオンライン調査をおこないました。

肺がんを主題にして、全国がん協会への募金を募ったのです。

その際に、「あなたはどれくらいのお金を協力してくれますか？」とお願いすると、あまり募金してくれませんでした。しかし「あなたはどれくらいの時間を協力してくれますか？」とお願いすると、たくさんの時間の協力の申し出があり、なおかつ、さらにたくさんの募金もあったといいます。

「お金」という言葉はボランティア気分に水を差してしまいますが、「時間」という言葉に置き換えたことで、時間に加えてお金まで協力してもらえたのです。

他にも「契約書」という言葉も人を尻込みさせてしまうＮＧワードです。使いたいときは表現を変えて、「この契約書にサインしてください」ではなく、「この書類にサインしてください」と言い換えてみるといいでしょう。

第3章
沈黙で人を操る

本章では、言葉に頼らず、無言のまま相手を操る方法を紹介します。
こちらからお願いをするような言葉はいっさい発しません。
自然に相手のほうから動きたくなる気分にさせるのです。
むろん、超能力で人の心をもてあそぶわけではありません。
しかし、それに近い効果はあるかもしれません。
口を開かず、言葉に頼らず、手なずけてしまうのですから。

心理術 17
「相手の話をひたすら聞く」だけで要求は通る

相手の関心を引くような行為をしたり、相手の心をくすぐる賛辞を並べ立てたりして、好意を得ようとするのが苦手な人もいるでしょう。

そんな人に朗報です。相手から好かれようとする行為は、なにも言葉にかぎったものではありません。むしろ言葉以外の手段によって攻めてこそ、相手に気づかれず、その心に触れることができるのです。

そんな不思議な方法が本当にあるのか？　答えはYESです。それも、その方法とは、「相手の話をひたすら聞き続ける」だけなのです。

イースタン・ケンタッキー大学の心理学者、ローズマリー・ラムゼイは、最近、自動車を購入した500名を対象に聞き取り調査をおこないました。

質問は「あなたが車を買ったとき、セールスマンは何をしていましたか？」というものです。

すると、一番多かったのが「傾聴していた」という答えでした。つまり、オススメの車種を押しつけてくるのではなく、まずは客の話にじっくり耳を傾け、要望を熱心に聞いてくれていたから、人々はそのセールスマンから車を購入していたのです。

これは苦情受付のコールセンターでも同じで、苦情を訴えてきたお客をなだめる一番確かな方法は、とにかくお客の話を最後まで聞くことだといいます。

「傾聴する」という意識をもつ

もちろん、ただ上の空で聞いていればいいわけではありません。あくまでも「傾聴する」という意識をもって、熱心に耳を傾けることが重要です。

熱心に話を聞いてあげることは、それだけで相手に対する「報酬」として機能します。見え透いたお世辞を並べるくらいなら、ただじっと相手の話を聞くほうが何倍も効果的なのです。

無言でも人の心は動かせる

心理術18 相手の呼吸に息を合わせる「ペーシング」のすごい効果

アーティスティックスイミング（シンクロナイズドスイミング）などを見ていると、よく「息の合った演技」という言葉を耳にします。

おそらくこれは「同調（シンクロ）している」といった意味で使われている言葉でしょう。

そしておもしろいことに、実際わたしたちも相手と呼吸を合わせると、気持ちまで同調させていくことができるのです。

これは心理学の世界で「ペーシング」と呼ばれる技法で、その名のとおり「ペース」に注目したテクニックです。

早口の相手には早口でしゃべり、ゆっくりしゃべる人には、こちらもゆったりとした態度で接する。その他、表情から身振り手振りまで、あらゆるペースを合わせていきます。

息を合わせるだけで共感が得られる

ただ、ここまで完璧にできるのはプロのカウンセラーくらいのもので、中途半端に全部のペースを合わせようとすると、逆に集中力が散漫になってしまうでしょう。

そこでたった1つだけ合わせていきたいのが「息」、つまり呼吸なのです。

相手の胸元を見ていれば、呼吸のペースは簡単にわかります。そして相手が息を吸うときに自分も吸い、息を吐くときに自分も吐くのです。

こうやって呼吸のペースを合わせていくと、まさしく「息が合う」状態になって自然と体のリズムも同調してきます。こうして息と体のリズムが同調してしまうと、相手はなんとなくあなたに共感を抱き、心を開いてくれます。もちろん、そんなことはいっさい気づかず、なんとなく「この人とは肌が合うな」と思っているのです。

相手の警戒心を取り払い、ホンネを引き出すには、まず呼吸のペーシングから始めてみましょう。

相手と同じリズムで動くだけ

心理術19 沈黙に対する「恐怖」を利用する

あなたは自分が行動を起こすとき、その最大の要因が何であるか知っていますか?

論理的に? 倫理感から? それとも、善意によるもの? 違います。人を動かす最大の要因、それは身の安全を保つための〝恐怖〟なのです。

もしかしたら嫌われているんじゃないか、という恐怖。仲間外れにされるんじゃないか、という恐怖。必要とされていないんじゃ、クビになるんじゃ、という恐怖。

人は、仲間や社会から疎外されることを恐れるのです。

この恐怖心を利用して、人を操ることができます。

無表情は「強そう」に見える

アメリカにあるヴァサー・カレッジの心理学者、A・G・ハルバースタット博士らのグループは、国内15の主要雑誌の広告に掲載された男女モデルの写真を抜き出し、「笑顔」グループと、「微笑み」グループ、さらには「無表情」グループに分類しました。

そのうえで、それぞれのモデルがどれくらい「強そうに見えるか」を測定する実験をしました。

その結果、最も強そうに見えるモデルは、無表情のモデルでした（次ページの図参照）。

これはどういうことかというと、わたしたちは「無表情」な人間の顔に、〝恐怖〟を感じるということです。

無表情は強そうに見える

実験結果

どの表情が強そうに見えるか

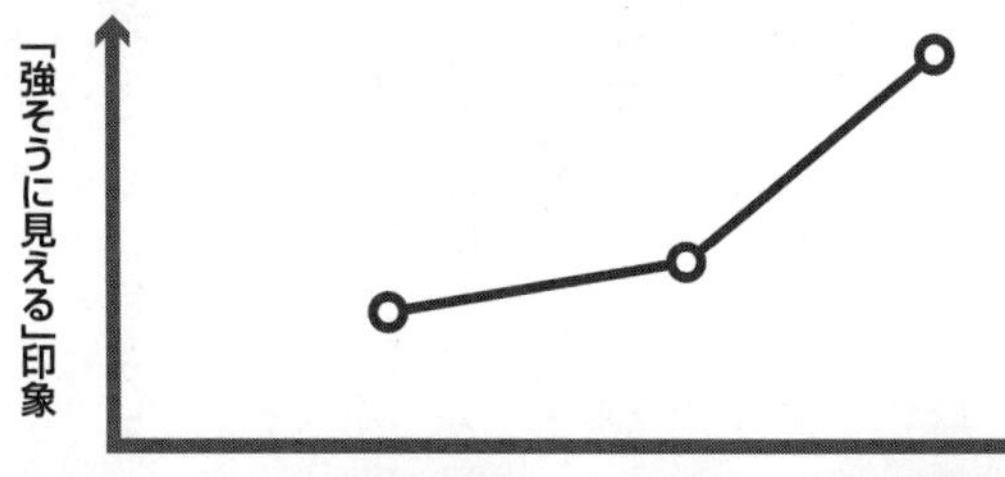

広告モデルの表情　満面の笑み　微笑　無表情

なぜ「無表情」は強そうに見えるのか？

無表情 → 感情が読み取れない → 何を考えているかわからない → 恐ろしい → 強そうに見える

自分を強く見せたかったら「無表情」になって感情を読み取らせないことだ

無表情の人からは、どんな感情も読み取れません。つまり、何を考えているのかわからない。相手の考えが読み取れない場合、人はあらゆる場合に備えて自己防衛本能が働き、恐怖を感じてしまいます。そのため、無表情は強そうに見えるのです。

そこで、なんとかして自分自身を強そうに見せたい場合には、無言で無表情になるのが効果的です。

それだけで、相手はあなたに力強さを感じてしまい、あなたの心的優位性が高まるのです。

時には「無表情」が武器になる

心理術20

結局、「やってみせる」のが最強の説得術

あなたは誰かからお説教をくらっているとき、心の中で「じゃあ、お前がやってみろよ！」と叫んだことはないでしょうか。

議論のすり替えのようにも思えるこの叫びですが、じつは心理学的にはかなり真っ当な主張なのです。

アムステルダム大学のヴァン・デン・プッテ教授は、チョコレートバーの広告を何パターンか作成し、どのアピール方法が最も説得力が高いのか、比較実験をおこないました。

その結果、「このチョコレートはみんなが食べている」と社会性に訴える広告では、8％の人しか好意的反応を示しませんでした。

そして「このチョコレートはおいしい」と利益に訴える広告では19％の人が好意的反応を示しました。

しかし、最も効果的だったのは説得も何もせず、ただチョコレートをむしゃむしゃ食べてみせるパターンで、この広告は42％もの人が好意的反応を示しました。

つまり他者の行動を促そうと思うなら、まずは自分がやってみせるのが一番なのです。

部下たちは上司の背中を見ている

たとえば、上司であるあなたが部署の誰よりも早く出社する。こうすると遅刻しがちな部下も早起きをするようになるはずです。

もちろん、管理職の立場で20代の部下と同じように働くことは難しいでしょう。

しかし、いざとなったら自分が出向いて話をつける、くらいの気概を見せていないと部下たちの心は簡単に離れていってしまいます。

部下たちは、あなたの声を聞くだけでなく、あなたの背中をしっかりと見ています。

真の説得力とは、言葉ではなく行動から生まれるものなのです。

まずは自分から範を示せ

心理術 21

「知らぬが仏」は科学的にも正しい

日本には食品表示についての法律があり、すべての食品や加工食品には「名称、原産地、賞味期限、栄養成分」などの表示が義務づけられています。

どこまでの人がカロリーの数値まで確かめて買っているかわかりませんが、このカロリーの表記があることで購買意欲が下がるという実験データがあります。

米国ユタ大学のヒマンシュ・ミシュラ准教授は、消費者が商品に対して完全な情報を欲しがっているかどうかを、チョコレートの試食実験で調査しました。

あるグループにはパッケージにカロリーなどの情報をすべて記載したチョコレートを試食させ、まだあと何個食べたいか聞いたところ、「（平均して）1・9個食べたい」

という回答を得ました。

しかし、主成分のみしか記載していなかったチョコレートを与えたもう一方のグループの回答では、「あと2・9個食べたい」と、より多くなっていました。

つまり、カロリー表示のあるチョコなんかおいしく食べられたものではないが、知らなければもっと食べたいほど美味だったのです。

この現象をミシュラ准教授は「知らないほうが幸せ効果」と呼んでいます。

無用な告白はしない

「知らぬが仏」ということわざがあります。知れば腹が立つことも知らないうちは平静でいられるというものですが、「知らないほうが幸せ効果」の場合も、都合の悪いことは黙っておいたほうがいい、好都合なことだけを知っているほうが幸せだ、ということになりそうです。

女性が結婚前にわざわざ「これまでさんざん遊びました」なんて告白をしたって

なんのトクにもならないでしょう（旦那さんは知らなければ、幸せでいられたはずですから……）。

知れば知るほど幸せとは限らない

心理術22 魔法のフレーズ「そうだよね」

友人やガールフレンドから相談を受けて、自分なりに的確なアドバイスをしたつもりなのに、どうも相手が納得していない、という経験はないでしょうか。

これは、完全にあなたのミスです。

相談者は「答え」を求めているのではありません。ただ「わかってほしい」のであり、「受け入れてほしい」のです。彼らは同意と共感、そして正当化を求めています。

だから、相談を受けたときに最も適切な対応は、まず「そうだよね」「わかるよ」と同意・共感を示すことです。そのうえで、相手の話すことに耳を傾け、ただ黙っていればよいのです。

口から出る言葉は、「そうだよね」だけで十分。そのたった一言の効果は絶大です。ここには「あなたの話は正当ですよ」「わたしはあなたの味方ですよ」というニュアンスまで含まれているのです。

そしてこのような肯定のことを、心理学では「社会的正当化」と呼びます。

受け入れることで相手も救われる

ニューヨーク州立大学の心理学者、シドニー・シュレーガーは次のような実験をおこなっています。

被験者たちを男女混合の3人組に分け、一定時間グループで会話をさせました。そして会話の終了後、互いに対する印象を調べたところ、高い評価を受けたのは「自分の発言を肯定的に聞いてくれた人」でした。

一方、「でもね」「ただね」「そうかなあ」「本当に?」など、否定的・懐疑的な言葉を使う人の評価は低かったのです。

人の心をつかみたいなら、ウソでもいいから「そうだよね」と相手を受け入れることです。

内心同意できなくても何も言ってはなりません。ただあなたが受け入れることで相手も救われるし、あなたの人望も大きくアップするのです。

語らずに相手の心をつかめ！

心理術 23

万能の殺し文句「あなただけに」

「お客様だけに特別にお教えしますが……」

「これは他にはお伝えしてないことですが……」

「こんな話をしたら上司に怒られちゃいますけど……」

これらはすべて、詐欺師たちの常套句ともいえる殺し文句です。わたしたちは「あなただけに」と特別扱いされると、それだけで嬉しくなってしまいます。

しかも、それこそ誰も知らない極秘情報を手に入れたような気分になり、それを放置できなくなる。そしてまんまと詐欺師にダマされてしまう。古典的な詐欺のパターンです。

この「あなただけ」の心理について、ウィスコンシン大学の心理学者、エライン・ウォルターはおもしろい実験をおこなっています。

まず、男子学生にコンピュータ上で女性たちとデートをさせます。このとき、女性たち（じつはコンピュータ）には次の3つの行動パターンをとらせます。

①誰にも好意を示さない

②みんなに好意を示す

③被験者にだけ好意を示す

デートの終了後、それぞれの女性に対する好意の度合いを聞いてみたところ、③の「被験者にだけ好意を示す」女性が最も人気でした。私たちは恋愛においても「あなただけに」と特別扱いされたがるのです。

どうしても口説きたい相手が現れたら

ここから学べることが1つあります。すなわち、どうしても口説きたい相手が現れたら、決してその他一同と同列に扱わずに、特別扱いをするということです。特別扱いといっても、高級レストランへ行くとか、豪華なプレゼントをする必要など、もちろんありません。ただ一言、「あなただけに」を付け加えればいいのです。「じつはキミだけにお土産を買ってきたんだ」「この話はあなただけにするんだけど」といった具合です。

ただ一言、「あなただけに」を付け加えればいい

心理術 24 究極の無言テクニック

あらゆる方法で説得を試みたけれど、どうしても相手を説得できないときの最終手段があります。

たとえば、なんとかして同僚に手伝ってもらいたい仕事があったとします。自分の能力に限界を感じているので協力してもらわないと実現不可能な仕事です。いろいろな方法でさんざんお願いしたのに、どうしても引き受けてもらえず、にっちもさっちもいかなくなった――。

そんなときは、一か八かで相手の体に触れてみましょう。

誤解してほしくないのですが、セクシャルな意味は何もありません。これは心理学で「タッチング」と呼ぶ行為で、人間は触れ合うことで相手に気を許す傾向があるのです。

相手の心を開かせる最後の手段

サンフランシスコ大学の心理学者コリン・シルバーソーン博士たちは、お互いに知らない男女を一組にして、自由に会話をしてもらう実験をしました。

ただし、男性のほうは実験協力者のサクラ。その男性が、ある女性にはまったく触らず、別の女性には握手したり、腕などを触ったりしました。それから会話が終わったところで、女性側に対して、あの男性とデートしたいと思うか、どれくらい性的魅力を感じたかを聞いてみました。

すると、触られた女性ほど、男性に好意をもっていることがわかったのです。

これは単に、セクシャルな場面だけに適用されることではありません。「相手の体に触れる」という行為そのものが、相手の心を開かせる効果をもっているのです。

しかし、場合によってはセクシャルハラスメントになりかねないので、最後の手段と考えたほうが無難でしょう。

決して説得できなかった相手であっても、肩に手を置きながら、あるいは腕相撲でもしながら、「本当に手伝ってほしいんだよ、恩に着るから」と頼んでみましょう。

もしかしたら、ＹＥＳの一言を引き出せるかもしれません。

どうにもならないときには触れてみる

人間心理を知っておこう

無敵の言葉「ありがとう」

ペンシルベニア大学のアダム・グラント博士は、文章力の研究という名目でオンラインで人を募りました。

そして、応募してきた69名の人たちに対し、これとはまた別の実験にも参加してほしいと依頼する内容のメールを送りました。

その際、実験の説明だけの案内メールを送った人たちが24時間以内に承諾の返事をくれた割合は32％しかありませんでした。

しかし、案内メールの文章中に「参加してくださって本当にありがとう」という一文を入れて送った人たちでは、66％の人が承諾の返事をくれました。

このように、「ありがとう」の一言があるだけで、2倍以上もの差が出たのです。

それだけ「ありがとう」という言葉には心理的なインパクトがあります。

相手が何もしてくれなくても「会ってくれてありがとう」「お返事をくれてありがとう」と言っておけば、その後の展開は大きく変わってくるのです。だから、とにかく「ありがとう」と言う口癖をつけてしまいましょう。そうすれば相手に好かれ、説得しやすくなるのです。

メールでのやり取りでも最初に「お返事ありがとうございます」を入れておけば、好感度アップ間違いなしです。

第4章 心理法則で人を操る

本章ではすでに一定の知見となっている〝心理法則〟を紹介します。
すでに古典的とされ確立された有名な心理法則はもちろん、
近年証明された心理法則も解説します。
どれも幅広く支持された法則であり、
実際に使用するときの効果も折り紙付きです。

心理術25 交渉・説得は「先手必勝」

勝負ごとで、先手を取ったほうが勝つというのは古今東西を問わず常識です。しかし、それを本当に自覚している人となると、案外少ないのではないでしょうか。なぜなら、日本人の美学として、先に手を出すことを「はしたない」「こざかしい」「卑怯者」とする文化があるからです。大相撲がその好例です。先手を打つ戦法は「横綱相撲らしくない」とたしなめられ、どんと受けて立つ相撲が潔いとされてきました。

まあ、日本人の美意識は脇に置くとして、心理学においては「先手必勝」はまさしく原理原則です。

米国ユタ大学のアダム・ガリンスキー博士は、コンサルティング会社で新規採用者とのボーナス交渉の場面を調査しました。

あるグループでは、採用する企業側が先にボーナス額を提示するようにしました。もう一方のグループでは、先に採用される者のほうに要求額を聞くようにしました。

すると、企業側が先に額を提示した場合の妥結額が１万２８８７ドルであったのに対し、採用される側が先に要求額を提示した場合の妥結額は１万７８４３ドルと大幅にアップしていたのです。

つまり、先に額を提示したほうが、その後の交渉の主導権を握ったということです。

先に宣言して「基準」を引く

じつは、勝負ごとにかぎらず、あらゆる交渉ごとにおいて、先に条件を出したほうが有利なのです。

たとえば外国の市場で買い物をするときに、店員から「1万円に値下げしてあげる」と言われたら、せいぜい8000円に値引きさせて買うくらいが関の山でしょう。しかし、先にこちらが「3000円でなら買う」と宣言していれば、高くても5000円くらいで買うこともできるのです。

心理学でも「早いもん勝ち」

心理術 26
「無茶な要求」をして本当の希望を通す

ミズーリ大学のモートン・ゴールドマン博士とクリストファー・クレッソン博士は、カンザス市民を対象に次のような実験をおこないました。

まず、192名の市民に「新しく設立されたラジオ局の者ですが」と声をかけました。そして「すみませんが150人を電話帳から選んで、その人に電話をかけて質問をしてくれませんか？」と頼みました。

むろん、いきなりこんな無茶な要求をされて承諾した市民はゼロで、完全に門前払いされました。

しかし、いったんその要求が断られてから「では25人ならやってもらえますか?」と再度頼み込んだところ、今度は半数もの人が承諾してくれたのです。

いきなりとんでもない条件を突きつけ、それをあえて断らせてから、次に低めの条件を提示する――。一般に「ドア・イン・ザ・フェイス(門前払い)」と呼ばれる、代表的な心理テクニックです。

提案に「落差」があると、決まりやすい

どんな交渉ごとでも、最初はできるだけ大きな要求を吹っかけることが多いものです。

そして徐々に要求を引き下げ、相手からの譲歩を引き出し、最終的には自分の想定ラインで決着をつける。

このため、できるだけ最初の提案と、2回目以降の提案とでは落差をつけたほうがいいとされます。

この作戦は、欧米では外交からビジネスまで幅広く使われているものですが、交渉ごとが苦手な日本人には、なかなか身につけられないテクニックといえるかもしれません。

本当の要求は「後出し」がいい

心理術 27 小さな依頼をくり返し、大きな依頼を受け入れさせる

これも古典的な心理作戦ですが、前項とは反対に、最初は誰でも受け入れられる要求を出して相手の領分に足を踏み入れてから、少しずつ要求を強める方法です。その名も「フット・イン・ザ・ドア（踏み込み法）」。相手の心のドアを少しでも開けてしまえば、そのまま足をこじ入れて、さらにこじ開けていく手法です。

たとえばホストクラブでは、最初は客に安いボトルを入れさせます。いきなり「ロレックスの腕時計が欲しい」なんてことは言いません。まずは客に低めのハードルを越えさせてから、徐々に要求を吊り上げていくのです。

５０００円のボトルくらいならいいかな。そうやって少しでも心のドアを開けたら最後。彼らはそのドアの隙間に足をしっかり突っ込み、さまざまな要求をしてくるでしょう。どんな小さな要求でも、一度飲んでしまったら負けなのです。

第二のお願いの結果はどう変わったか？

マサチューセッツ大学のクリス・アレン准教授がおこなった実験を紹介しましょう。

実験内容は、最初に「買い物についての質問に答えていただけますか？」と申し出て、承諾してくれた人に対して「つきましては、質問用紙をご自宅にお送りしてよろしいでしょうか？」と第二のお願いをするというもの。

この場合の承諾率は、67・３％と高かったのに対して、最初からいきなり「質問用紙を郵送していいですか？」と聞いたときの承諾率は、22・２％と極めて低かったのです。

いきなり「募金をお願いします」と頼まれても、多くの人はそのまま通り過ぎるでしょう。しかし最初に「署名だけでも」という低いハードルを与えられれば、多くの人がそれをクリアして、次には「募金」という第二のハードルまでも乗り越えてしまうようになるのです。

徐々にハードルを上げるのも効果的

心理術 28

「少しくらいなら……」と、相手に思わせるテクニック

この作戦も心理学においては古典的な手法ですが、こちらが要求するのではなく、あくまでも相手の自発的な行動を促すという点で、極めておもしろい手法といえます。

前項の「フット・イン・ザ・ドア」作戦が最初に低いハードルを設け、徐々に要求を高くしていくものだったのに対し、この「イーブン・ア・ペニー」作戦は、低いハードルを最後まで徹底的に低くすることで、相手からの自発的な譲歩を引き出そうとするものです。

「イーブン・ア・ペニー」を直訳すると「ほんの1ペニー（1円）でもいいから」という意味です。

相手の自発的譲歩を促す

たとえば、駅前でボランティアの人から「○○募金へのご協力をお願いします」と声をかけられても、あなたは比較的ラクに断ることができるでしょう。

しかし、その人が「10円だけ、1円でも結構ですので、募金をお願いします！」とすがってきたら、なんとなく断りにくくなるというものです。

しかもここでおもしろいのは、実際にあなたが募金する段階になると、1円でも10円でもなく、１００円単位の金額を募金してしまうことです。

「どうせ乗りかかった船だ」ということで、自発的に金額を吊り上げてしまうのです。

そこで、人に頼みごとをするときには、まず「○○だけでもいいから」という形で協力を仰いでみましょう。

思いっきりハードルを下げることで、相手の自発的譲歩を促すのです。

しかも、こうして取りつけた協力は、あくまで相手の自発的な行動であるため恨まれる心配もありません。

逆に相手は、自尊心をくすぐられて得意気になるくらいです。

「少しでいいから」と頼んでみる

心理術
29
わざと「弱み」を見せて同情を引き出せ

わたしたちは、強い人、才能豊かな人、偉大な人ばかりに惹かれるわけではありません。むしろそうした人は近寄りがたい印象を与えてしまい、共感の対象とはなりえないことのほうが多いのです。

そして心理学では、あえて自分の弱さをアピールすることで相手の共感や同情を引き出す、狡猾なテクニックが存在します。「アンダードッグ効果」と呼ばれるものです。

アンダードッグとは「川に落ちた犬」のことで、川に落ちた犬を叩くなというところからきている言葉です。

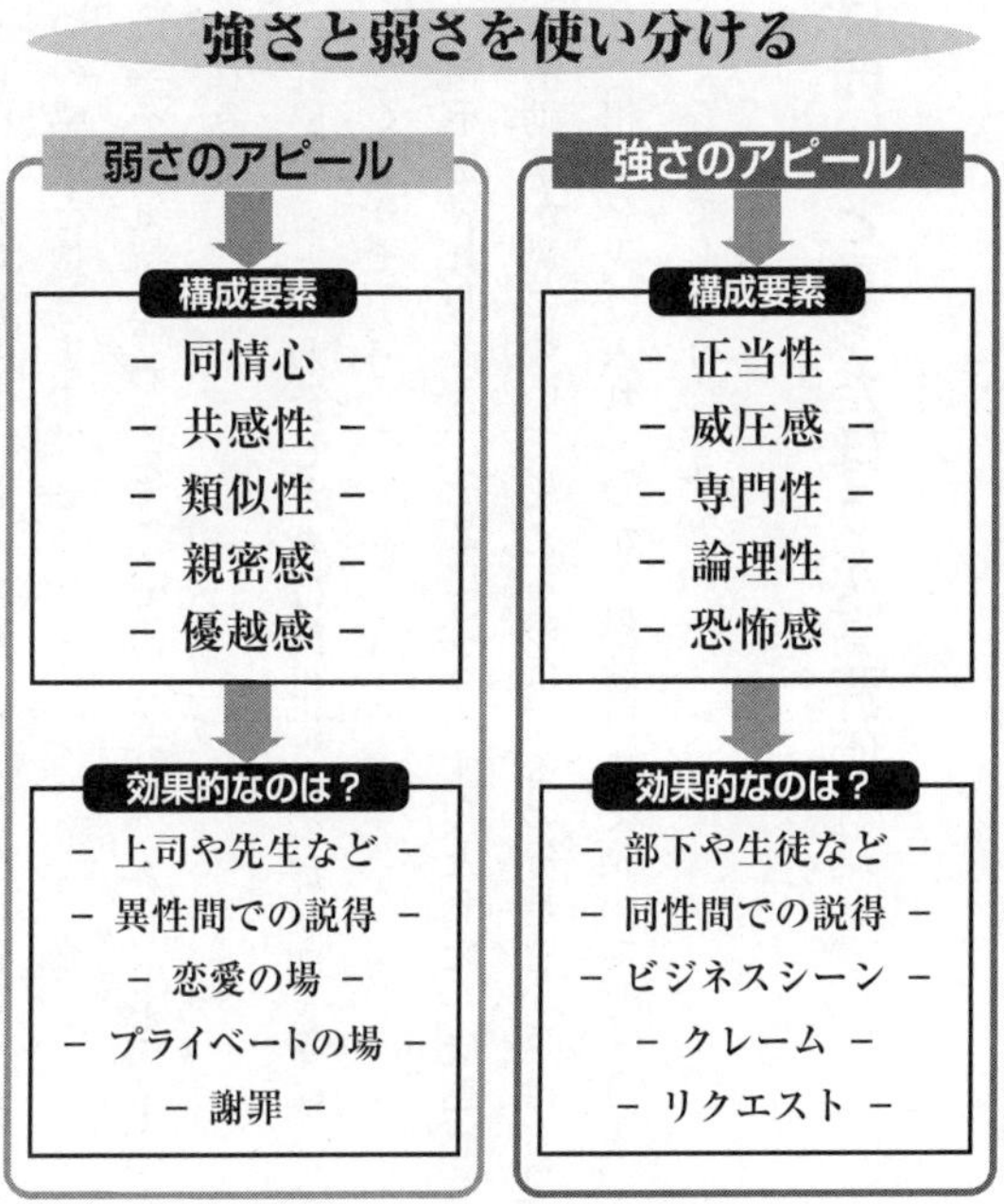

強さと弱さを使い分ける

弱さのアピール

構成要素

– 同情心 –
– 共感性 –
– 類似性 –
– 親密感 –
– 優越感 –

効果的なのは？

– 上司や先生など –
– 異性間での説得 –
– 恋愛の場 –
– プライベートの場 –
– 謝罪 –

強さのアピール

構成要素

– 正当性 –
– 威圧感 –
– 専門性 –
– 論理性 –
– 恐怖感 –

効果的なのは？

– 部下や生徒など –
– 同性間での説得 –
– ビジネスシーン –
– クレーム –
– リクエスト –

弱みを見せると相手からの同情を引き出せる。同情を得られれば、こちらの要求も通りやすくなる

たとえば、上司に怒られて落ち込んでいる同僚を前にしたとき、わたしたちは大きく2つの感情を抱きます。

1つは「その気持ち、わかるよ」という共感。そしてもう1つが「かわいそうに」という哀れみです。

相手に共感すると、わたしたちは簡単に心の扉を開きます。そして相手を許し、受け入れたくなります。

また、相手を哀れむとき、そこにはうっすらとした「優越感」が芽生えます。一部の慈善活動家が鼻について見えるのは、この優越感が透けて見えるせいです。

こうして相手を受け入れ、しかも優越感まで抱いてしまうと、もはや反発する気持ちもなくなってしまうのです。

「私は弱い」と言ったほうが高評価

米国リッチモンド大学の心理学者、ロバート・A・ジャカロンは、あるプロジェクト・マネージャーについての紹介文を、大学生に読ませ、評価を求めました。

このうち、紹介文に「わたしはこの分野には弱いのだが」と、自分の弱さをアピールする文章が入っていると、好意得点が4・92点となり、弱さのアピールがない場合は3・88点だったそうです（7点満点で算出）。

部下や後輩に対しては強さのアピールが有効ですが、上司や異性との関係においては適度な弱さのアピールが有効になる場合もあります。相手に応じて使い分けるといいでしょう。

ときには「弱さのアピール」も必要

心理術 30 好意を示された相手を人は好きになってしまう

まずは、あなたの身近なところにいる人気者を思い出してみてください。誰からも好かれているような人です。

そんな彼らの中に、どうして人気があるのかわからない人はいないでしょうか。容姿がいいわけでもない、話がおもしろいわけでもない、仕事ができるわけでもない。それなのにみんなから好かれている、という人です。

一見すると、彼には人を惹きつけるような魅力は何もない。しかし、彼は強力な武器をもっている。それは「とにかく人が好き」という武器なのです。

たとえば、あなたが誰かのことを好きになれば、その好意はそのままあなたに返ってきます。その人気者も、みんなのことが好きだから、みんなから好かれるのです。

心理学ではこれを「好意の返報性」と呼びます。よく知られた心理法則です。

これは、こちらが相手に好意を示せば、相手もこちらに好意を示しやすくなる、という法則。好意とは、一方通行ではなく、相手からも返ってくるものなのです。

「好意の返報性」はどこでも通用する

米国ノース・イースタン大学のジュディス・ホール博士は、病院に通っている70歳以上の男女530名を対象に、「担当のお医者さんにどれくらい好感をもっているか」を調査しました。

そして同時に、医師たちに対しても「それぞれの患者さんにどれくらい好感をもっているか」を聞きました。

すると、医師から好かれている患者さんほど、その医師のことを好いていることがわかったのです。まさに好意の返報性です。

あなたにも経験があるでしょう。それまで意識したこともなかった子から、「好きです」と告白をされたとたん、その子のことが気になりだして、いつのまにか好きになってしまっていた、という経験が。

好意をもってほしければ好きになれ

心理術 31

人は信頼に応えたいもの。それを利用するには？

「投資ゲーム」という心理実験があります。

簡単にいえば、友人にお金を投資すれば必ず3倍になるが、それがどの程度返ってくるかは友人次第、という実験です（次ページの図を参照）。

この実験では、合理性だけで考えれば、友人側は持ち逃げしてしまうのが一番いい選択肢になるはずです。それを考えれば、投資する側も「1ドルも投資しない」ことを選択するはずです。

しかし実際には、投資が行われ、さらに友人側もお金を返しています。このこと

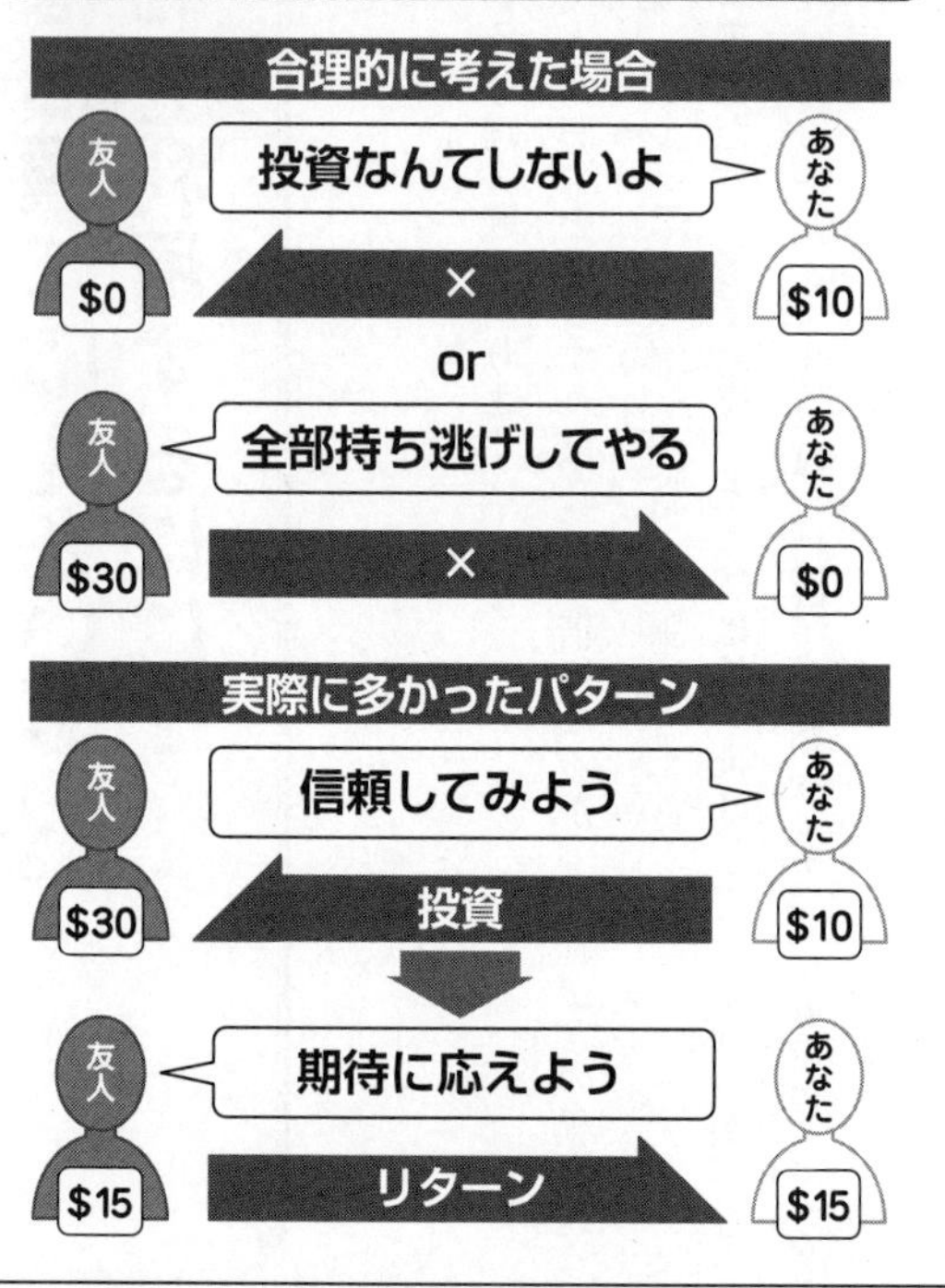
「投資ゲーム」の説明
ゲームの前提条件
友人に投資すれば元手の金額が必ず3倍になるが、そのうちいくら戻ってくるのかは友人しだい。全額持ち逃げされる可能性もある。このとき、あなたはいくら投資する？
合理的に考えた場合
友人
投資なんてしないよ
あなた
$0
×
$10
or
友人
全部持ち逃げしてやる
あなた
$30
×
$0
実際に多かったパターン
友人
信頼してみよう
あなた
$30
投資
$10
友人
期待に応えよう
あなた
$15
リターン
$15

から、人は他者から信頼されたと認識した場合に、それに報いようとする傾向があることが示されています。

人の感情はムードに流されやすい

このゲームを使って調査をしたオハイオ州立大学のロバート・ラウント博士の報告があります。

まず、１８０名の男女を２つのグループに分け、一方のグループには「３分間のゴルフの歴史のビデオ」を見せ、もう一方のグループには、「３分間のコメディーのビデオ」を見せました。

その後、「投資ゲーム」をさせたところ、「ゴルフの歴史」のグループの投資金額が平均４ドル50セントだったのに対し、「コメディー」のグループの投資金額は平均７ドル65セントと大幅に多かったのです。

つまり、コメディーを見て大笑いし、気分がよくなっているときに投資ゲームをしたら、それだけ気前よく投資してしまったというのです。

なぜそんなに投資したのか？　それは、気持ちが大きくなって相手を信用してしまったからです。

これは心理学で「ムード感染効果」と呼ばれるもので、人の感情というものは、周囲や人々の行動に感染してしまうことを示しています。

だから、何か頼みごとがあるときには、相手が上機嫌のときを狙うのが鉄則なのです。

気分がいいときには気前もいい

心理術 32

理屈の通らない理由でも人を動かせる

自分の主張を通そうとするとき、どんな理由を持ち出せば相手を説得することができるか悩むものです。

しかし、心理学の世界には「どんないい加減な理由でも相手は動く」という有名な心理法則があります。ハーバード大学のエレン・ランガー教授の有名な実験結果です。

実験では、これからコピーをとろうとコピー機の前にいる人に対して、次のように願い出ました。

〈パターンA〉「すみませんが、先にコピーをとらせてもらえませんか?」
〈パターンB〉「すみませんが、コピーをとらないといけないので、先にコピーをとらせてもらえませんか?」

まず、Aは通常の申し出ですが、「急いでいる理由」や「譲ってあげるべき理由」がありません。

これに対してBの申し出は「循環論法」と呼ばれるもので、なんとなく「急いでいる理由」があります。落ち着いて考えたら、結論が理由を支えてしまっていて、論理が循環しているのでまったく理由になっていないのですが、とりあえずは理由っぽく聞こえます。

そして両者の申し出の結果ですが、Aで先にコピーをとらせてもらえる確率が60%だったのに対し、Bの場合はなんと93%もの確率で、先にコピーをとらせてもらえたのです。

考える時間を与えてはいけない

要するに、自分の意見を通すのに正当な理由などいらないのです。とりあえず「理由っぽく聞こえるもの」を突きつけられると、相手は軽い思考停止状態になって、なんとなく押されてしまいます。会話中、なんとなく勢いに飲まれるのは、まさにこれです。

ただし、相手に考える時間を与えてはいけません。冷静に考えさせたら、理由になっていないことがバレてしまいます。考える時間を与えず、サッサと話を終わらせましょう。

いい加減な理由でも相手は動く

心理術
33

男性は「励まし」、女性は「お願い」に弱い

ここまで有名な心理法則を8つ紹介してきました。どれも普遍的な法則であり、その効果は保証済みです。

しかし、1つ例外を作らなければならないことがあります。それは、男女の「性差」です。男と女とでは、決定的に違う心理が存在するのです。

インディアナ州にあるビンセンズ大学の心理学者、チャールズ・マクマホンは、男女の被験者たちを集め、自分がどれくらい「励ましの言葉」や「温かい言葉」を求めているかを答えてもらいました。

すると、男性は80点満点中の39・2点も励ましや温かい言葉を欲しているのに対し、女性は33・2点と低いことがわかったのです。

つまり、男性は「励ましの言葉」や「温かい言葉」を求めているが、女性はその傾向が低いのです。

それでは、女性は何を求めているのでしょうか。

女性は「お願い」されることを望む

カリフォルニア州在住の心理療法家ダフニー・ローズ・キングマの研究によると、女性は「指図」や「命令」をされるのを嫌い、「お願い」されることを望むといいます。

たとえば、上司から「田中君はどこ？　探してここに呼んで」とか「ちょっと新聞取ってきて」という指図をされると、女性は嫌々やりますが、言い方を変えて、「田中君はどこ？　探してここに呼んでくれないか、お願いするよ」とか「ちょっと新聞取ってきて、お願いだから」と一言「お願い」を添えるだけで、女性は気分よく引き受けてくれるといいます。

そこでこれからは、女性に対しては何ごとも「お願い」を追加して頼むようにし、男性に対しては「キミならやれるさ！」「ガンバレ！」「すごい！」といった温かい励ましの言葉を投げかけてあげるようにしましょう。

これも、覚えておくと便利な心理法則です。

効果的なフレーズは男女で変わる

人間心理を知っておこう

「わかりにくい」ほうがトクをする？

わかりにくいことを言われると、一瞬「ん？」と思考停止になり、つい「イエス」と言ってしまうことはないでしょうか。

これを心理学では「DTR法」と呼びます。

わざと相手を混乱に追い込んでから主張を飲ませる手法として、よく知られた心理法則です。

ここで、おもしろい実験データを紹介しましょう。

ニューヨーク大学のプライア・ラグバー博士は、4個詰めのキャンディーの売り方の実験をおこないました。

まず、「1パック1ドル」と、わかりやすい値段表示をしたところ、26・09％しか売れませんでした。

しかし、「1個0・25ドルの4個詰め」と、わかりにくい値段表示にしたところ、62・79％も売れたといいます。

両者とも、表示方法が違うだけで、実際には同じ価格です。これをラグバー博士は「デノミ効果」と呼んでいます。

アメリカ人は、日本人のように暗算が得意ではないから、この程度で混乱してしまいますが、たとえば、マスク「1枚75円の10枚入り」と「1パック750円」だったら、どうでしょうか。

思わず「1枚75円」と、デノミ価格のほうに目がいくのではないでしょうか。

第5章 暗示で人を操る

催眠術師のように人を操ることができたら、どんなにいいだろう――。
誰もが一度は夢見たに違いありません。
じつは、人間を暗示にかけることは簡単なことなのです。
なぜなら、人間は〝思い込み〟をする生き物だから。
ここでは、あなたにも使える暗示テクを紹介します。

心理術 34

なぜ占い師は性格を当てられるのか？

あなたが街の占い師に手相を見せたとします。

「明るく振る舞っているけど、本当は繊細でしょ？」

「フラフラしているように見えて、芯が強い人ね」

「意外と頑固なところがあるみたい」

「本当はすごく寂しがり屋さんなんだね」

こんなことを指摘されて、「えっ、どうしてわかるんですか？」と不思議に思ったことはないでしょうか。

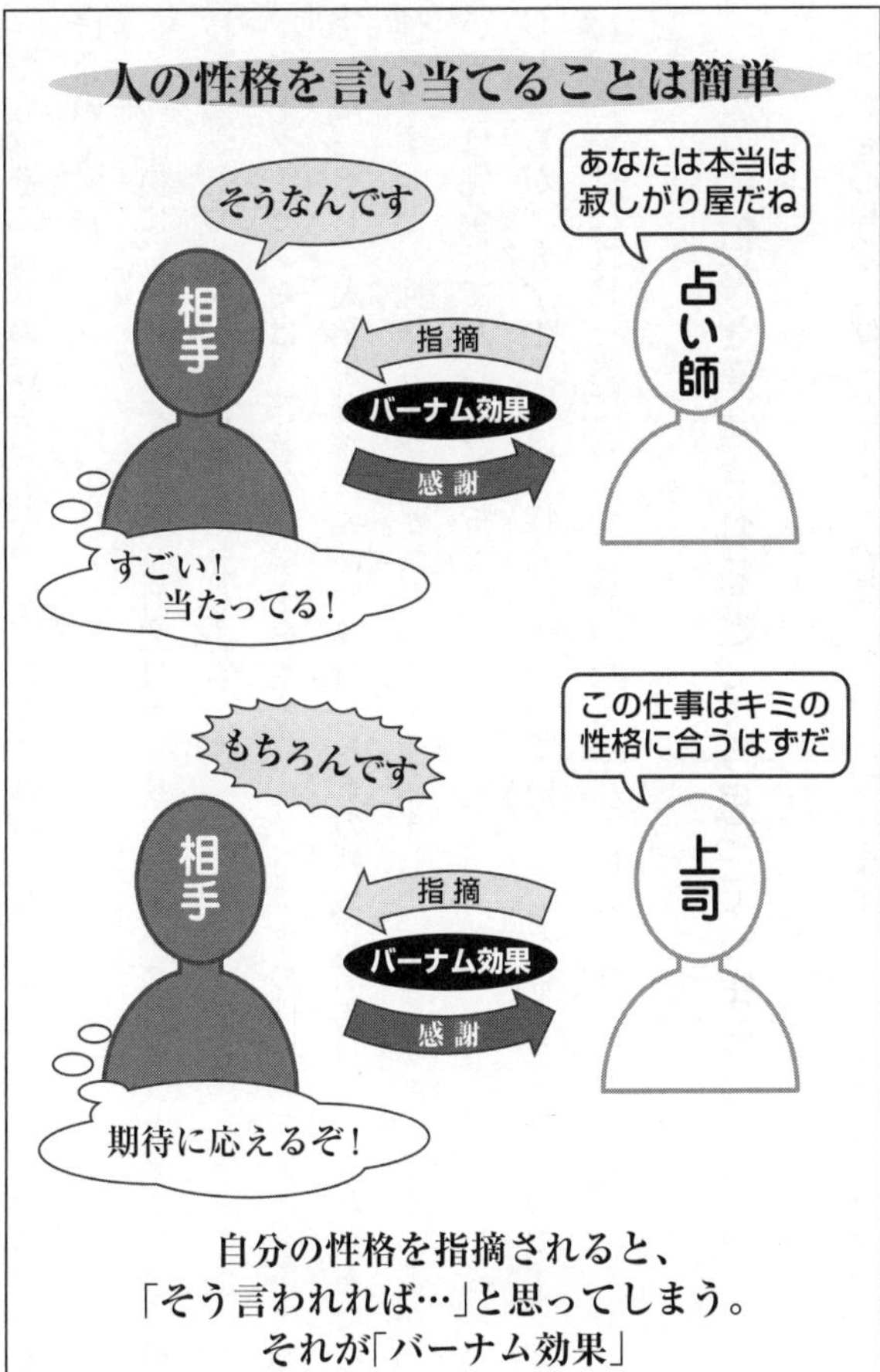
人の性格を言い当てることは簡単
あなたは本当は寂しがり屋だね
そうなんです
相手
占い師
指摘
バーナム効果
感謝
すごい！当たってる！
この仕事はキミの性格に合うはずだ
もちろんです
相手
上司
指摘
バーナム効果
感謝
期待に応えるぞ！
自分の性格を指摘されると、
「そう言われれば…」と思ってしまう。
それが「バーナム効果」

でも、そんなものはインチキです。あなたは占い師が使う暗示にかかっているだけなのです。

その証拠に、ノルウェーの企業研究員ポーリン・アンダーセンとノルウェー科学技術大学との共同実験結果を紹介しましょう。

アンダーセンらは、75名の大学生を集めて、インチキの性格診断テストを実施しました。そして大学生たちに「性格診断テストの結果が出ました。これがあなたの性格です」と、性格分析が書かれた紙を手渡しました。もちろん、ここに書かれているのは完全にでたらめな分析です。

ところが、大学生たちは一様に「当たっている！」と答えたというのです。まさに、占い師に性格を当てられたと思ったあなたと同じです。

自分の性格を直言されると、そう思ってしまう

これを心理学では「バーナム効果」と呼んでいます。わたしたちは自分の性格を

直言されると、思わず「そのとおり！」と思ってしまうものなのです。

そこで、人の心をつかみたいなら、まずバーナム効果で相手の性格を言い当ててみることです。

「お前って根は優しくて、繊細だから」とでも言っておきましょう。そうすれば相手は「自分のことをわかってくれるのはこの人だけだ！」と心を開いてくれるはずです。

相手の信頼を勝ち取ることなど、意外なほどたやすいのです。

自己認識なんていい加減

心理術 35 誕生日が同じ人には心を許す

暗示というのは、占い師や催眠術師だけが使うものではありません。あなたでも簡単に使える手法です。

そこで、一瞬で相手を暗示にかけてしまう、とっておきの方法を紹介しましょう。

ただし、あまりに簡単な方法のため、その効果は誰にもまだ知られていません。

本書を読んだあなただけの胸にしまっておいてください。くれぐれも他言無用です。

相手を一瞬で暗示にかける方法、それは、「誕生日の一致」です。相手と同じ誕生日だと告げる、それだけです。

「え？　俺と同じ誕生日じゃん！」

偶然に驚いた相手は、一瞬で心を開き、あなたのことを知りたがって互いの共通点をがむしゃらに探そうとするでしょう。あなたはそんな暗示状態の彼に対し、もはやどんな要求でも突きつけられるはずです。

その人と気持ちがつながった気になる

ワルシャワ大学のマイケル・ビレウィッツ博士は、ポーランドとチェコの国境付近にいるポーランド人の高校生81名を対象に、民族が自分と異なることでどれだけ人助けの意識が変わるのかを調べました（次ページの図を参照）。

それによると、ポーランド人である高校生たちは、道に迷っている人がチェコ人であるときよりも、自国民であった場合のほうがより人を助ける傾向がありました。

しかし、「あなたのおじいちゃんとおばあちゃんがチェコから来た人だと想像してください」と条件をつけた場合は、チェコ人を助ける傾向が大幅に上がったので

共通点があるだけで人は優しくなれる

実験　ビレウィッツ博士のデータ

民族が自分と同じか違うかで、どれだけ人助けの意識が変化するかを調査

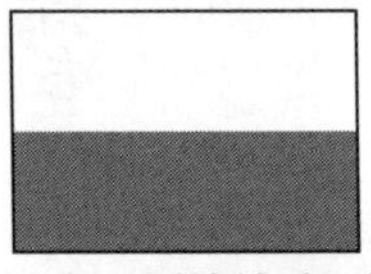

チェコとの国境付近に住む
ポーランド人高校生

道に迷っている人	祖父母がチェコ人であると想像させる	想像させない
チェコ人でも助ける	4.32	3.68
自分と同じポーランド人なら助ける	4.62	4.71

差が小さい　差が大きい

（5点満点）（Bilewicz,M.2009）

ただ「祖父母が異国人であったら」と
想像させただけで、
異国人を助ける割合が上がった

す。つまり、相手との共通点が多くなればなるほど、その人に親近感をもち、好きになってしまうということです。

だったら、これからは共通点を積極的にアピールしましょう。誕生日でも、出身大学でも、あるいは好きな食べ物でも、なんでもいいから共通点を見つければ、それだけで気持ちがつながってしまった気にさせられるのです。

相手との共通点を作り出せ

心理術 36
「断ること」であなたの価値は高まる

新型のｉＰｈｏｎｅは、新しいモデルが発売されるたびにかなりの品薄状態が続きます。本当に生産が追いつかないだけかもしれませんが、この「じらし」作戦は心理学的にみてもかなり有効な手段であるといえます。

なぜなら、人は手に入れるのが難しいほど、そこに希少性を感じ、もっと手に入れたくなるという心理があるからです。心理学の世界では、これを「ハード・トゥ・ゲット・テクニック」と呼びます。

たとえば、人気のレストランが「1日限定10皿」の特別限定メニューを出すとします。当然、大勢のお客さんが行列に並びますが、その大半は限定メニューを食べられません。すると多くのお客さんは、まるで暗示にでもかけられたかのように、さらにその限定メニューを求めてやまなくなってしまうのです。

断ることは人気者の証明

だからあなたも、友人から遊びに誘われたとき、ホイホイと気安く応じてはいけません。たとえ予定がゼロでもスケジュール帳を確認して、「9時スタート？　うーん、夕方からひとつ先約が入っているから遅れるかもしれないけど、それでも大丈夫かな？」といった感じで、いかにも忙しい自分をアピールするのです。

仕事の場合には、思いきって「来週の予定はすべて断る」というルールを設けるのもいいでしょう。

クライアントから電話で「来週どこかでお会いできませんか？」と聞かれても、「すみません、来週はいっぱいなので再来週の火曜日でいかがでしょう？」と答えるのです。こうすると相手は、あなたを引く手あまたの人気者と思うだろうし、ハード・トゥ・ゲットの「手に入れるのが難しいほど、そこに希少性を感じ、もっと手に入れたくなる」という心理が働くでしょう。

断ることは、忙しい人気者の証明なのです。

忙しい自分をアピールせよ

心理術 37 罪悪感を与えて利用する

こちらのお願いを一度拒否されると、その拒否を覆すのは並大抵のことではありません。

なぜなら、相手は一度自分の意思で「拒否」を選択しているので、それを撤回することは自分の選択が誤りであったと認めてしまうことにもなるからです。だったらここは、正攻法を捨てて、暗示のテクニックにかけてみるのもいいでしょう。

ミシガン州立大学のリサ・リンゼイ博士が、その方法を紹介してくれています。

博士は、１４６名の大学生を対象に白血病のドナー募集のため「ドナー適合の箇単な血液検査を受けてほしい」という文章を読ませて、検査に応じるかどうかの調査をしました。

そのとき、「こんなに簡単な検査もしてくれないのは考えられない」という一文が入っているものと、その一文がないものの2つのグループに分けました。

すると、その一文が入っているグループのほうが、より検査に応じる割合が高かったという結果が得られました。

これは、検査を拒否することによる罪悪感をあおり、相手に負い目を感じさせる効果があるということです。

人は誰かを援助したくなるもの

人は誰でも、罪悪感など覚えたくはありません。それなのに罪悪感をあおられると、その感情から脱したいがために、誰かを援助したくなるものなのです。

罪悪感は人を動かすモチベーションになります。だからこそ、相手の罪悪感を上手に引き出せれば、相手はあなたに対して援助を申し出たくなるのです。

何かお願いしたのに断られたら、次からこう訴えてみましょう。

「わたし、そんなに難しいこと頼んでる？」

「ごめん、オレ、すごい迷惑かけちゃったよね、きっと」

相手は罪悪感に捕らわれ、早く脱したがるはずです。

罪悪感から脱したい心理を使う

心理術 38

〝選べる数〟で魔法にかける

人は、たとえ選択肢の数が変わっても、自分が真に欲するものを選ぶのか。あるいは選べる数が変わるだけで、自分の欲求を抑えてしまうことがあるのか。

これは、選択肢の数の違いで人の志向が変わるという研究テーマです。かなり難しい問題ではありますが、興味深い実験結果なので、こっそり教えてしまいましょう。

スタンフォード大学のアナ・セーラ博士は学生に対して、カロリーの高そうなスイーツと、ヘルシーな果物の写真を見せ、どちらを食べたいかを選ばせました。

そのとき、6種類のスイーツと6種類の果物の12種類の中から選ばせた場合には

76％が果物を選んだのに対し、選択肢を２種類ずつのスイーツと果物に減らした場合には、55％しか果物を選びませんでした。つまり、選択肢が多いほど、ヘルシーな果物を選んだのです。

行動は選択肢の数に左右される

これはどういうことかというと、わたしたちは数多くの選択肢があるときには、自分の選んだものを正当化するために、より〝善〟だったり、より〝美徳〟と思われるものを選ぶ傾向にあります。理性的な判断を優先するのです。

しかし、選択肢の数が少ない場合には、より〝快楽的〟で、〝悪徳〟と思われるものを選ぶ傾向があるのです。つまり、本能的に欲しているものに忠実になるのです。

ここから、このようなことが学べるでしょう。もし、相手に本能が望むままの快楽を選んでほしい場合には、選択肢を極力少なくすればいい、ということです。

たとえば、今夜こそ彼女を落としたいという男性は、デートにいろいろなイベントを用意しないようにしましょう。食事も映画も買い物もあったら、彼女はそこから無難なものを選んでしまうからです。

選択肢が減ると本能に忠実になる

心理術 39

ホメることは最強の暗示法

相手の気を引くにはホメること。これに尽きます。

でも、ゴマスリは苦手だし、思ってもいないことを口にはしたくない。それに、いったいどこをホメればいいのかわからない。そんな人たちもいるでしょうから、効果的なホメ方を紹介しておきましょう。

ワシントン大学の心理学者、フランク・スモールの実験レポートです。

リトルリーグの子どもたちを、8人のコーチが指導しました。そしてシーズン終了後に試合の勝率を測定したのですが、子どもたちの「努力」をホメつつ指導したコーチのチームは、勝率が52・2％でした。これに対し、ホメずに指導したコーチのチームでは、勝率が46・2％にとどまったのです。

しかも、努力をホメられた子どもたちは「野球が楽しく、コーチが好きで、自分に自信がある」と答えたのです。

ここで大切なのは、「努力をホメる」という点です。試合に勝ったらホメる、ホームランを打ったらホメる、というやり方では、ホメる回数はかぎられてしまいます。ところが、努力している姿勢をホメるのであれば、いつでも何回でもホメられるのです。

成績の悪い部下でもとにかくホメる

だから職場でも「結果」ではなく、その人の「努力」や「プロセス」をホメるようにしましょう。これならどんなに成績の悪い部下でもひとつくらいはホメられるでしょうし、思ってもいないことまで口にする必要はありません。

そして、とくに努力していない部下にも「がんばってるな」とホメてあげることで、逆に「がんばらなきゃ！」という気を起こさせることができます。

相手が「そんなことないですよ」と謙遜（けんそん）してきたら、「いや、これはすごいことだよ！」ともう一度ホメてみる。ここまでやれば、もう相手はあなたの虜です。

ホメればホメるほど好かれる

心理術 40 下手に回って相手を動かす

前項では、ホメることがいかに相手の心を動かすかを説明しました。さらにここでは、相手よりも劣る下の立場に回ることで、相手に見下す快感を与え、自尊心をくすぐる方法を紹介します。

負けたように見せかけながら、じつは相手を手のひらの上で転がす、かなり狡猾な暗示テクニックです。

カナダにあるブリティッシュ・コロンビア大学の心理学者、キャサリン・ホワイトは、アジア人に顕著な〝ある心理〟について、非常に興味深い実験結果を発表しています。

実験では欧州系カナダ人とアジア系カナダ人の大学生に参加してもらい、「学校の試験で失敗したとき、どうやって立ち直ろうとするか？」という質問をしました。

すると、欧州系の学生たちは一様に「自分より成績がよかった人を見る」と答えました。

つまり、上を見ることによって「自分もこうなろう」「もっとがんばれば上に行けるんだ」と自らを奮い立たせるわけです。これを心理学的には「上方比較」といいます。

「下には下がいる」と思えば怖くない

ところが、アジア系の学生たちはまるで違いました。

なんと、みんな「自分より成績が悪かった人を見る」と答えたのです。

自分よりも下を見ることによって「まだ下がいるじゃないか」「自分はあそこま

で悪くない」という安心感を得ているのです。心理学的には、こうして下を見て比較することを「下方比較」といいます。

これは人種的な問題というより、文化的な問題ですが、日本で暮らすかぎり、参考にすべき事実です。

そのため、人をホメるときも上から「よくやった」とホメるのではなく、相手の下に回り込んで「さすがですね」と賞賛するほうが、ずっと効果的なのです。

下から持ち上げてホメる

心理術 41

一瞬で人を幸せにするとっておきの方法

ここまで数々の暗示テクニックを紹介してきました。暗示といいながら、どれもあっけないほど簡単で、なんの仕掛けもいらずに、一瞬でできる心理術であったことに、あなたは心底驚いているかもしれません。

しかし最後に、一瞬で人を幸せな気分にさせてしまうとっておきの方法があるので紹介しておきましょう。

スタンフォード大学のエミリー・ジテック博士は、男女１０４人の学生を２つのグループに分け、１つのグループに「あなたの人生の中で不愉快だった出来事を10

分間書いてください」と言って書かせました。そして、もう一方のグループには「退屈だった出来事」を同じく10分間書かせました。

そして次に、「もしよければ、引き続き他の実験にも協力してくれないか」と申し出たところ、「不愉快」グループでは60%の学生しか引き受けてくれなかったのに対し、「退屈」グループでは81%の学生が引き受けてくれたのです。

つまり、不愉快な出来事を思い起こさせられ、苦い気分を味わわされた学生たちほど、実験への協力を回避し、不親切になっていたのです。

逆に考えれば、幸せな出来事を思い出させて、当時のいい気分に浸らせるだけで、その人は自然にハッピーな状態になり、親切になるということです。

相手にイヤな出来事を思い出させるのはNG

たとえば、あなたが車のセールスマンだったとしたら、「これまでは電気系統でお困りでしたよね?」などとマイナスなイメージを喚起させるようなセールストークは、お客にイヤな出来事を思い出させるのでＮＧです。

しかし、「お子さんとのドライブでは、いい思い出がたくさんあるのでは？　どこに行ったときでした？」などと楽しい思い出をくすぐれば、お客はとたんに笑顔になり、あなたの営業トークを喜んで聞いてくれるはずです。

いい思い出を利用せよ

説得したければ五感に訴えよ

説得方法はいろいろありますが、人間の視覚、聴覚、味覚、触覚、嗅覚の五感を総動員させるような説得があれば、それが最高に効果的であることは容易に想像できるでしょう。

ミシガン大学のライアン・エルダー博士は、54人の学生を対象にガムの広告実験をしました。

その際、「香りが長く続く」とアピールした広告と、「五感を刺激する」とアピールした広告を見せてから、それぞれ実際にガムを噛ませて味を評価させました。

すると、「香り」だけのグループでは味の評価が4・77点であったのに対し、「五感」のグループでは5・39点の高評価をつけたのです（7点満点）。

つまり、1つの感覚をアピールするよりも複数の感覚をアピールするほうが、噛んだときのおいしさが増したといえます。

また、米国タフト大学のマックス・ワイズバック博士によれば、人は持ち物にも大いに影響されることがあるといいます。

博士は女性たちに「everyBODY is beautiful」（みんな美しい→あらゆる体は美しい）と書かれたTシャツを着させて反応をみたところ、太った女性ほど自尊心が高まる傾向が認められたのです。

何げなく目にしている持ち物からも、人間はこれほど影響を受けてしまっているのです。

第6章
権威で人を操る

人は、つい権威にひれ伏してしまうもの。
自分よりも大きいものや強いものには、さからわない。
だから「権威」を使い、人を説得するのは極めて得策なのです。
実態はどうであれ、権威を〝盛る〟ことなどじつにたやすいもの。
ここでは、そうした価値のあるイメージを作り出し、
あなたのことを信じさせる方法を伝授しましょう。

心理術
42

〝最初に〟権威づけせよ

テレビのコマーシャルを見ていると、ＣＭの最後に企業名やブランド名を出す企業が大半を占めています。しかし、心理学的にいうとこれは間違いです。

サンディエゴ州立大学の心理学者、ウィリアム・ベイカーは２４４名の学生を対象に、ガムや洗剤などのＣＭを見せ、ブランドネームを出すタイミングについての調査をおこないました。

その結果、ブランドネームがＣＭの最初に出た場合の好感度は60・6点、ＣＭの最後に出た場合は56・1点、最初と最後に出た場合では55・1点でした。

これは心理学で「初頭効果」と呼ばれるもので、わたしたちは一番最初に触れたもの、接したものに、より強い印象をもってしまうのです。

詐欺師も権威を利用してくる

その証拠に、詐欺師たちはこの原理を応用し、出会い頭に〝権威〟を見せつけることを常套（じょうとう）手段としています。

たとえば、１９８０年代前半に発生した豊田商事事件。この悪徳商法事件が爆発的な広がりをみせた背景には、「豊田商事」という社名が大きく関係していたと言われています。

トヨタの名前を名乗ることで、あたかも世界的自動車メーカーのトヨタ自動車の関連会社であるかのような印象をもたせ（実際はまったく無関係）、被害者たちを信用させていたのです。そのため、彼らは出会い頭に「豊田商事の○○と申します！」と社名を語り、被害者たちに強い印象を与えていたといいます。

これは初頭効果を悪用した例ですが、開口一番に「〇〇商事です」「東大出身です」などと自己紹介すれば、かなりの権威づけが期待できるはずです。

なんの権威もない人だって、最初にありとあらゆる経歴や経験を自信満々に並べ立ててみればいいのです。それだけで、その後の印象は大きく変わるはずです。

第一印象は後々まで残る

心理術 43

「第三者の言葉」を使って権威をもたせる

権威というものは、雲の上の存在であなたの人生にまったく縁のないもの、というわけではありません。

有力な政治家、著名な科学者、今をときめくＩＴ長者などなど、あなたが知るかぎりの〝権威〟は、じつはその力を利用できる力強い味方なのです。

たとえば、会議であなたの主張がなかなか通らなかった場合、「これには社長も同意しています」と一言発するだけで、議論の流れは１８０度変わってしまうでしょう。

こうした〝虎の威を借る〟行為は、あらゆる場面で使えるし、その効果は折り紙付きです。

たとえば「ドラッカーも言ってるようにマネージャーというのは……」「これはスティーブ・ジョブズの言葉なんだけど……」などと説明すれば、その説得効果は絶大です。これを心理学では「権威効果」と呼びます。

専門家による説得効果

テキサス大学で広告学を研究しているパメラ・ホーマーは、男女234名の大学生を対象に、次のような広告を見せて実験をおこないました。

スキンケア商品の広告を作成し、そこに記されている文章を2パターン用意。1つは「会計士が推奨」している、という内容の文章で、もう一方は「スキンケアの専門家が推奨」している、という文章です。

そして、どちらの広告に説得力を感じたか聞いてみたところ、スキンケアの専門家が推奨している広告のほうが説得効果が高いという結果が出たのです。

会計士も権威のひとつには違いありませんが、お門違いだったというわけです。

つまり、権威効果を狙う場合には、なるべく話の内容に合致した人物を援用するべきです。ビジネスの話をしているときにスポーツ選手の言葉を持ち出したところで、その効果はあまり期待できないでしょう。

力不足は権威で補える

心理術44 権威をいくらでも作り出す「前提」のすごい効果

今後日本の経済力が衰退の一途をたどっていくことは、もはや議論の余地がないところである。その背景に中国の存在があるのはいうまでもない。

……という一文を読んで、あなたはどう思いましたか？　なんとなく納得してしまったという人も多いのではないでしょうか。

じつはこれ、「前提暗示」という心理術のひとつなのです。

「周知の事実であるが……」

「みなさんご存じのように……」

「いうまでもなく……」

「○○であることは、もはや議論の余地がない」

といった言葉を使うと、説得力が格段に増すのです。

なぜなら、これらの言葉を使えば「社会的に認められていること」に聞こえるからです。そしてわれわれは「社会的に認められていること＝常識」から外れることを、ひどく恐れてしまうのです。

常識は「テクニック」で生み出せる

ギリシアのマケドニア大学の心理学者、アントニス・ガーディコテティスは次のような実験をおこないました。

まず、大学生をABの2グループに分け、架空の説得文を読ませました。なお、それぞれの文頭には次の一文が入れてありました（残りは同じ文章）。

A「大多数の人が支持しているように」

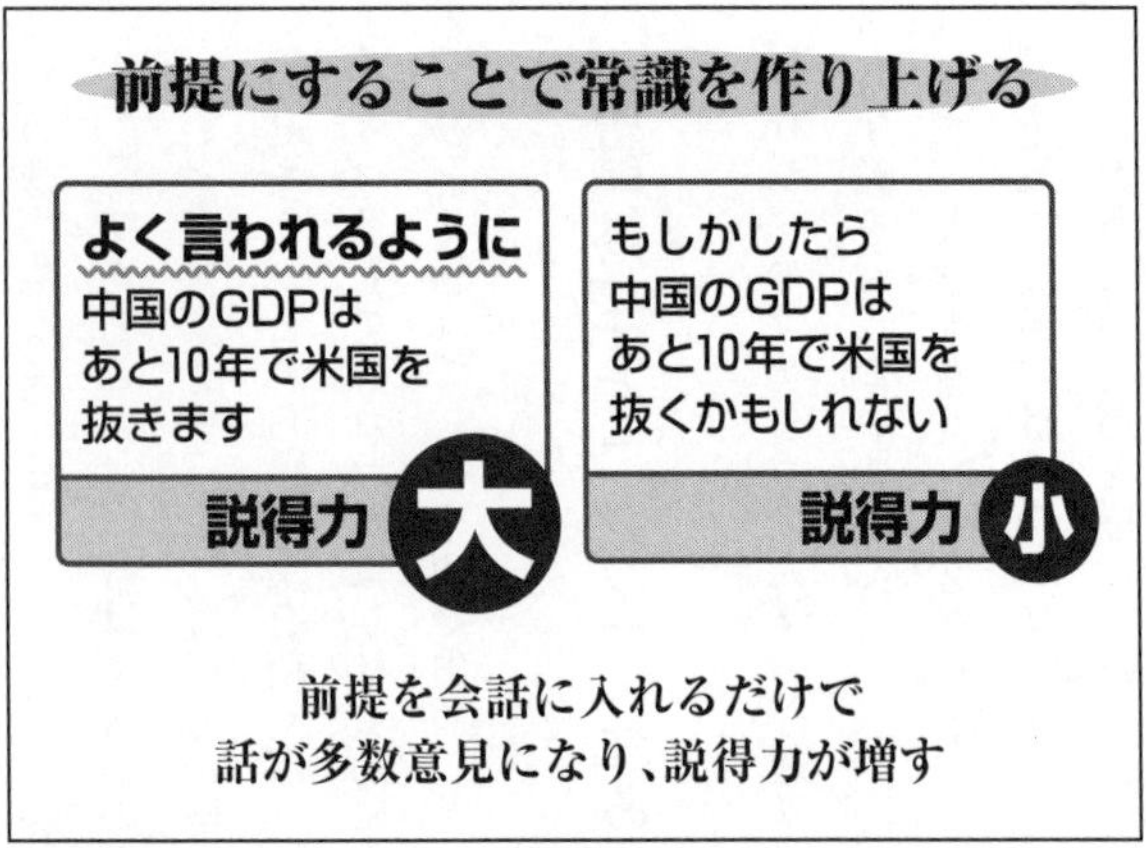

前提にすることで常識を作り上げる

よく言われるように 中国のGDPは あと10年で米国を 抜きます	もしかしたら 中国のGDPは あと10年で米国を 抜くかもしれない
説得力 大	説得力 小

前提を会話に入れるだけで
話が多数意見になり、説得力が増す

B「半数の人が支持しているように」

そして読後の感想を聞いてみたところ、Aのほうが説得力が高いことがわかりました。

それ以外にも「当然だけど」「まさか知らないヤツはいないだろうけど」などと、前提暗示をうまく使うと、あなたの話の説得力は大幅にアップするでしょう。

「前提」にしてしまえば疑われない

心理術 45

人はやっぱり「見た目」が９割？

警官を見ただけで緊張してしまう人がいます。また、白衣のお医者様に接すると子どものように無条件降伏して、何を言われても鵜呑み（うの）にしてしまう人もいるでしょう。

あなたも、制服姿に何らかの力を感じているのではないでしょうか。

こうした制服がもつパワーのことを、心理学では「ユニフォーム効果」や「ドレス効果」と呼びます。

銀行の警備員の服装が警官の制服に似ているのは、見る人に警官のようなパワーを感じさせ、恐れさせるのが目的です。

医学生が白衣を着ただけで「先生」と呼ばれるのも、学生の力ではなく、白衣に力が宿っているからなのです。

頼みごとを引き受けてもらえた服装

それを証明する実験データがあります。

マサチューセッツ州スミスカレッジの心理学者、レオナルド・ビックマンは、違う服装をした3人がそれぞれ歩行者を呼び止め、いろいろと頼みごとをする実験をおこないました。

呼び止める3人の服装は、①一般市民（ジャケットにネクタイ）、②牛乳屋（白いエプロン姿）、③ガードマン（警官に似た制服）。そして、呼び止めた人に対するお願いは、次のようなものでした。

「私のバッグを拾ってもらえませんか？」

「小銭がないので1セントくれませんか？」
「この看板を向こう側まで移動してくれませんか？」

その結果、頼みごとを引き受けてもらえる確率が高かったのは、圧倒的に、警官そっくりの制服のガードマンでした。スーツ姿の人から頼まれても断るのに、警官っぽい制服の人に頼まれると承諾してしまったのです。

人はユニフォーム姿に弱い

心理術
46

最強の言い訳は「自分がコントロールできないこと」

もし、あなたが大事なデートに遅れたら、どちらの言い訳をしたほうがスマートでしょうか。

「いやあ、寝坊しちゃって、ほんとゴメン」

「電車が脱線事故で止まりやがって。クソ！」

もちろん、「電車」に責任転嫁したほうが賢く、その後のデートにも支障が出ないでしょう。こうした「当人にはどうにもできない問題」、つまりアンタッチャブル（手が届かない存在）な理由のことを、専門的には「外的な理由」といいます。

説得するとき、あるいは謝罪するときには、できるだけ「外的な理由」を持ち出す。これが鉄則です。

ウィスコンシン大学のジェームズ・ディラード博士は、51組の夫婦のやり取りを分析しました。

すると、夫が残業の言い訳をするとき、「オレは仕事がしたいんだ」と仕事のやる気をみせるよりも、「上司からこの仕事を明日までにやれと言われているんだ」と言ったほうが、妻は納得することが多かったのです。

「オレは仕事がしたい」という言い訳は、妻からみれば、自分や家族よりも仕事を選ぶ男としてしか映らないからです。

それに対して「上司」や「会社」のせいにすれば、文句の言えない「外的な理由」となり、妻も「だったら仕方ないわね」と納得してくれるのです。

断られるほうも納得しやすい「外的理由」

「外的な理由」は、ビジネスの場でも十分に活用できます。

たとえば、相手から値引きなどの譲歩を求められた際には「これが社内で決められた基準ですので」と断る。あるいは「原油価格の高騰が響いておりまして」などと、世界規模の「外的な理由」をくっつけるのです。

こうすれば、断られるほうも納得しやすくなるというもの。折れるにあたっての大義名分として「外的な理由」ほど好都合なものはないからです。

人は「外的な理由」に弱い

心理術
47

「みんなやってるよ」と言えば、皆動く

人間には「同調傾向」があります。

流行とかブームとかがまさにそれで、今年の流行色だと言われれば〃みんな〃その色の服を着てしまいます。

しかし、その色が好きなのかと質問すれば、きっと「流行色だから」という答えが返ってくるだけでしょう。

理由などどうでもいいのです。〃みんな〃と同じで、その時代の空気に同調できていれば、それで十分なのです。

だから、理由など必要ないのです。「みんなやってるよ」という言葉さえあれば、主張は通せるのです。

同調傾向でタオルの再使用に賛同

シカゴ大学行動科学准教授のノア・ゴールドスタインは、中規模ホテルの宿泊者1058人の事例を調査した結果を報告しています。

ホテルではルームメイキングの際、環境保護のためにタオルを交換せずに、もう1日の継続使用をメッセージカードで訴えました。

ある部屋で「環境保護のために」というメッセージを置くと、35・1%の人が再使用に賛同してくれました。

しかし、別の部屋で「約75%の宿泊者にタオルの再使用をいただいております」というウソのメッセージを置いたところ、44・1%もの人が再使用に賛同したのです。

つまり、みんなもやっているんだったら、自分もやろうという同調傾向が認められたのです。

ちなみに、〝みんな〟などの言葉ではなく、具体的な数字を提示したければ、4分の3程度の数値を出せば、〝大多数〟をイメージさせることができるでしょう。

人は仲間外れが大嫌い

心理術 48 「怒らせたら怖い」と思わせておく

上司にとって、部下から嫌われることは避けたいものですが、それ以上に避けたいのは「バカにされること」や「ナメられること」です。

これは学校の教師と同じで、生徒（部下）から少しでもナメられてしまうと、その評価を挽回（ばんかい）するのはかなり難しくなります。

もちろん、いつもガミガミ怒鳴ってばかりだと嫌われてしまい、部下はついてこなくなります。最も望ましいスタンスは「普段は優しいけれど、怒らせると怖い」というものでしょう。

アムステルダム大学の心理学者、ゲアベン・ヴァンクリフは、次のような実験をおこないました。

実験は、携帯電話の「売り手」と「買い手」に分かれて、価格や保証期間などを交渉してもらうものです。

このとき、「買い手」役を演じるのはサクラの被験者で、彼らには「怒る人」と「怒らない人」とを演じてもらいました。

その結果、怒る演技を取り入れたほうが、ずっと交渉を有利に進められることがわかったのです。

一度でも怒りを演じておけばＯＫ

だからあなたも、一度でいいから部下の前でキレておきましょう。机を叩き、大声で怒鳴りつけておくのです。

もちろん、本当にキレる必要はありません。演技の怒りで、まったくかまいません。めったに怒らないあなたが急に怒り出すのだから、周囲はただ驚くだけで、演技かどうかなどは考えもしないでしょう。怒ることをせずに部下を図に乗らせると、結局あなたの評価が引き下げられてしまうのです。

よく、人を動かすにはアメとムチが必要だと言われますが、毎回ムチをふるう必要はありません。ムチとはそれを「もっていること」を知らせておくだけで、十分に抑止力としての効果を発揮するのです。

一度キレておくと効果大

人間心理を知っておこう

「多数派」の意見として述べてみる

〝みんな〟が使っている、満足している、推奨している、ということをアピールすると、なんとなくその気になるのが人間だといえます。

インディアナ大学の心理学者、ザカリー・トルマーラの実験です。

実験は、学生たちに対して「大学生は、学内の図書館やカフェテリアなどでお手伝いをするべきだ」という主張を聞かせるというもの。

このとき、半分の学生には「９００人を対象に事前調査したところ、86％の支持があった」と話しました。また、もう半分には「14％の支持があった」と話しました。

その結果、事前調査で「86％の支持があった」と聞かされた学生たちのほうが、その主張を受け入れやすくなっていることが明らかになったのです。

わたしたちは自分の頭で考えているようでいて、実際には「多数派」の動向にかなり影響されているのです。

逆に、集団の中で多数派に抵抗するのは、じつに難しいのです。そこで、本当は少数派でも「みんな同意見ですから」とか「今じゃ、みんな持っているよ」などと述べてみれば、案外、みんな信じてくれるかもしれません。

第7章 しぐさで人を操る

どんな美辞麗句を並べても、どんな立派な権威があっても、あなたのしぐさや動作がぎこちなく、不快なものであったりしたら、誰も相手にしてくれないでしょう。

人を信じさせるには、人に受け入れてもらえる振舞いが必要です。すぐれた説得者はすぐれたパフォーマーでもあります。俳優や女優になったつもりで演じてみましょう。

心理術 49

相手を真似ることの驚きの効果

思うように話せない。考えをうまく伝えられない。口ベタで話が続かない。何かいい方法はないものか。

コミュニケーションでそんな悩みを抱えている人は多いでしょう。しかし、なにも話すことだけがコミュニケーションではありません。

そう。あなたのしぐさ、その一挙手一投足が、すでにコミュニケーションなのです。「ボディランゲージ」という言葉があるように、じつは「言葉」よりも身体的な「しぐさ」のほうが、相手にはアピール力があります。

言葉より「ミラーリング」で心をつかめ

コミュニケーションで重要なもの

メラビアンの法則

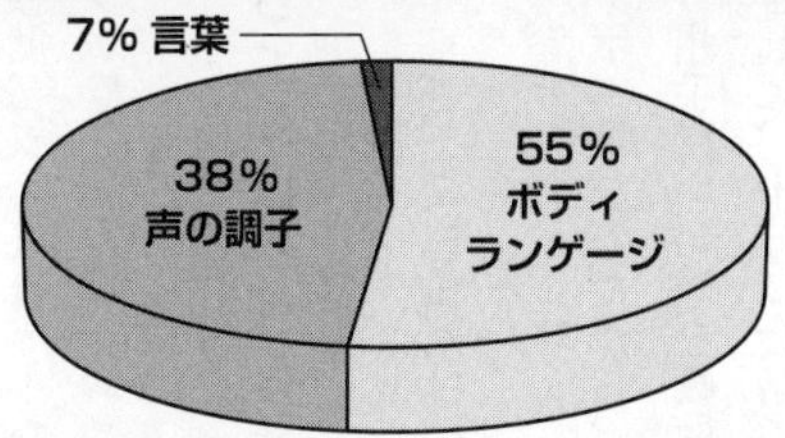

ミラーリングの実験

チャートランド博士の調査	スタッフがただ会話した	スタッフがミラーリングをして会話した
スタッフに対する好感度	5.91	6.62

〈9点満点〉(Chartrand,T.L.et al.1999)

「ミラーリング」をされると
会話もスムーズに進んだという回答を得た

相手のしぐさを真似るだけで、
相手は心を開き、好意までもってくれる

カリフォルニア大学の心理学者アルバート・メラビアン博士の有名な「メラビアンの法則」によれば、人が初対面の人とコミュニケーションをおこなう際に影響されるのは、表情、態度、ジェスチャーなどのボディランゲージが55%、声の調子が38%、言葉そのものはわずか7%にすぎないといいます。

相手に気持ちよくしゃべらせる

そこで、相手のしぐさを真似るだけの「ミラーリング」というテクニックを紹介しましょう。

会話とはキャッチボールなのだから、べつに自分が素晴らしい球を投げられなくてもかまいません。相手にいい球を投げさせること、つまり、相手に気持ちよくしゃべらせることができれば、十分に会話の達人になれるのです。

このとき有効なのが「ミラーリング」です。たとえば、相手が足を組んだらこちらも足を組む。相手が身を乗り出したら、こちらも身を乗り出す。相手がコーヒーに手を伸ばしたら、こちらもコーヒーを飲む。まさに鏡のようにしぐさをコピーするだけで、相手は気持ちよくなってしまうのです。

　191ページの図の実験結果からもわかるように、ミラーリングで相手のしぐさを真似るだけで、相手から好感をもたれ、会話をスムーズに運ばせることができるのです。

「ミラーリング」で心をつかむ

心理術 50 ジロジロ見ると人は動かない

あなたのオフィスは、大きな部屋で多数の人が机を並べている従来型のオフィスでしょうか。それとも、最近よく見かけるようになってきている欧米型の、それぞれの机がパーティションで区切られている小部屋型オフィスでしょうか。

日本の大部屋型では、直属の上司が全員を見渡せる場所に座っています。さながら監視されているような状態で仕事をすることになります。

社員同士のコミュニケーションという意味では、日本の大部屋型もいいでしょう。ですが、生産性の観点から考えると、他者（とくに上司）の視線を感じずにすむほうが、仕事ははかどるものなのです。

部下たちの仕事ぶりを見るのは逆効果

この「他者の視線」について、ペンシルベニア州立大学のR・バリーは、おもしろい実験をおこなっています。

彼は、ショッピングモールの駐車場から出ようとしている車200台のドライバーたちを観察しました。

すると、自分の後方あたりで他の車が待ち、自分が出ていったスペースに入れようとしていると、出発までの時間が39・03秒かかりました。しかし、誰も待っていないときには出発までの時間が32・15秒と短くなったのです。

つまり、他人からジロジロ見られると、それに抵抗するためわざとゆっくり動いたり、あるいはストレスを感じて普段どおりの動きがとれなくなってしまうのです。

だから、部署全体の生産性を上げたいのであれば、部下たちの仕事ぶりをジロジロ見るのはやめたほうがいいでしょう。ある程度部下を放置し自由を与えて、見て見ぬフリを決め込むくらいがちょうどいいのです。もちろん、可能であれば机ごとにパーティションで区切るのが望ましいでしょう。

いちいち監視されるような状態は監獄にいるのと同じです。人間は何よりも自由な空気を好むのです。

人は監視されることに抵抗する

心理術 51

笑顔は人を引き寄せる

笑顔がうまく作れない人がいます。あるいは、心からの本当の笑顔は好きだけれど、作り笑いには嫌悪感をもってしまう人もいるでしょう。

もちろん、気持ちのいい笑顔に比べて、薄ら笑いする相手には不信感をもつのが普通です。

しかし、たとえ作り笑顔であっても、その威力はあなどれません。人間は笑顔に接すると、心を開き、ガードをゆるめてしまう生き物だからです。

たとえばファッション雑誌などのモデルたちは、いつも作り笑顔をしています。

しかし、だからこそ好意的に見えるし、そのファッションに魅力を感じてしまうのです。

もし、モデルたちがしかめっ面をしていたらどう感じるでしょうか。決して好意的には思えないし、警戒心さえ抱いてしまうはずです。

モデルたちが何を考えているのかわかるはずもないのに、笑顔があるかどうかだけで、わたしたちはこれだけの反応をしてしまう。それだけ笑顔には、計り知れない効果、人を引き寄せる磁石のような魔力があるのです。

「無表情」であった場合との比較

英国アバディーン大学のリンデン・マイルズ博士は、男女3人ずつのモデルの写真を撮り、それを男女40人の大学生に見せてその反応——どれだけ顔が写真のほうに向かって動いたか——を調べました。

すると、写真の顔が「無表情」であった場合に比べて、写真の顔が「笑顔」であった場合のほうが、20倍も顔が写真に向かって動いたのです。

笑顔を見ると、人はその笑顔に引き寄せられます。それも身体だけでなく、心までもが引き寄せられてしまいます。したがって、たとえ作り笑顔であっても、苦虫を噛み潰したような顔よりは、何倍も威力のある武器になるのです。

いい笑顔は最強の武器となる

心理術
52

交渉・説得の結果は「参加人数」で決まる

初めての商談や面談に臨むときには、あなたは十分な準備をして戦いの場へ赴くはずです。

しかし、そんなことをしなくとも、ただ部下を何人も引き連れていくだけで、先方を圧倒することができます。

なぜなら、部下を何人も従えていると、それだけで「仕事ができる」とか「リーダーシップがある」といったアピールをすることになるからです。

つまり、わたしたちは相手を評価するときに、「数」＝「力」と考えてしまうのです。

イスラエルにあるヘブライ大学の心理学者、ヤコブ・スクルは、52名の大学生を対象に次のような模擬面接の実験をおこないました。

被験者には、人事担当者になったつもりでコピーライターとして応募してきた人を評価させます。このとき、自分の優秀さを示す推薦状が1通の応募者と、推薦状が2通ある応募者について評価させました。

すると、コピーライターとしての「適正」はもちろん、「正直さ」や「チーム精神」という項目においても、推薦状を2通もっていた応募者のほうが高く評価されたのです。

要するに、彼らは推薦状の中身などに関係なく、ただ推薦状の「数」によって評価を下していた、ということです。人間の評価など、その程度のものなのです。

新人でもいいからたくさん引き連れていく

だから、外部の人と会うときにはアシスタントを1人連れていくだけではなく、できるだけ2人、3人とたくさん引き連れるようにしましょう。

まったく仕事のできない、右も左もわからない新人だってかまいません。とにかく数で勝負するのです。

そして商談中は、アシスタントを後ろに立たせておけばいいのです。そうすれば相手は威圧感を覚え、あなたをとんでもない大物のように錯覚するはずです。

〝数〟の多さは〝強さ〟になる

心理術 53
ウソをつくと「まばたき」の回数が多くなる

ウソをついているときの表情がある、といいます。視線を合わせない。声がうわずる。唇をなめる。汗をかく。まばたきが多くなる。

どれもそうかもしれませんが、本当のことはわかりません。

しかし、1つ真理があります。それは「まばたき」です。どうやら、ウソをつくとまばたきの回数が多くなるらしいのです。

ボストン・カレッジの神経心理学教授ジョー・テッセ博士が、『ニューズウィーク』誌（1996年10月21日号）でこんな調査結果を報告しました。

テッセ教授は、2人の大統領候補者、ボブ・ドールとビル・クリントンが選挙期間中におこなった討論を見て、まばたきの回数を数えました。

一般的な人間の平均まばたき回数は1分間に10～30回ですが、ドール候補はなんと平均147回、つまり1秒に3回もまばたきをしていたのです。

一番まばたきが多かったのは1分間に163回で、「4年前に比べてこの国は豊かになったか」という質問をされたとき。これが一番聞かれたくないことだったことがわかります。

一方クリントン候補のほうは、平均99回でした。これでも普通のまばたきの回数よりだいぶ多いのですが、一番多かったときの質問は「10代の青少年の薬物使用の増加についてどう思うか」で、1分間に117回でした。

目を見開けば、ウソはバレない？

教授は、それ以前の5回の大統領選挙も調査していて、そこから討論中のまばたきの多かった候補者はことごとく落選しているとも指摘しています。それが「弱さ」

や「不信」につながったと考えているのです。

もしも、あまり聞かれたくないことを質問されたら、これからは「目を見開いて、まばたきを我慢」すればいいのです。そうすれば、あなたのウソはバレずにすむでしょう。

信じてほしければ、まばたきを我慢

心理術 54

相づちは最初は少なく、徐々に回数を増やす

ここまで説明してきたように、相手から共感を引き出し、こちらの主張を上手に通すのに最も必要なのは、ボディランゲージ、つまり「しぐさ」であることが、もうおわかりいただけたと思います。

その中でも、魔法のしぐさと呼べる究極のテクニックが、「相づち」です。

鋭い質問など差し挟まなくても、ただ相づちを打っているだけで「この人は真剣に聞いてくれている」と思わせることができ、共感を得ることができるのです。

メリーランド大学の心理学者、アロン・シーグマンは、48名の女子大生を集め、

効果的な「相づち」の仕方

女子大生48名へのインタビュー

シーグマン博士の実験

第1段階：家庭について
第2段階：学校生活について

インタビュアーの相づちの条件を変える
（相づちを打ったり、打たなかったり）

相づちの有無 ＼ インタビュアーの温かさの評価	第1段階	第2段階
あり＋あり	18.08	19.25 ↑
なし＋あり	16.58	18.91 ↑
あり＋なし	16.83	15.50 ↓
なし＋なし	16.58	18.00 ↑

(Siegman,A.W.1976)

いくら相づちを打って共感を示しても、後半に疲れて相づちをやめてしまうと逆効果になる

次のような実験をおこないました。

この実験では、彼女らに2段階のインタビューをします。このとき、インタビュアーの男性は相づちを打ったり打たなかったり、変化をつけて話を聞きます。

そして実験終了後、「インタビュアーはどれくらい温かい人物だったか」を調査した結果が、前ページの図です。

ここで注目したいのは、第1段階で相づちを打ちながら、第2段階で相づちを打たなかったときの評価の下落ぶりです。初め相づちを打ったのに、後で打たなくなると、やたら冷たい人と感じさせてしまうのです。

相づちは途中でやめると逆効果

どんな退屈な話であろうと、どんなに疲れていようと、やると決めたら最後まで相づちを打つようにしましょう。そうでないと、必要以上に評価を下げることになってしまいます。

したがって、相づちは「なるべくたくさん、しかも大きく打つ」ことが重要です。これが熱心さをアピールするうえでは絶対に欠かせません。

しかも「初めは少なめで、後半は多めに相づちを打つ」と、相手の話にグイグイ引き込まれている感じを演出することができます。

やると決めたら、最後まで相づちを打つ

選ばせたいものを真ん中に

米国デューク大学のキャサリン・シャープ博士は、レストランでどのサイズのドリンクが最も選ばれるのかを調査しました。

その結果、ＳサイズとＬサイズは避けられ、Ｍサイズが一番よく売れたそうです。

人間には「極端性の回避」という本能があって、選択肢の中の両端を回避しようとするのです。

寿司屋の松竹梅がまさにそうで、「竹」が一番注文があることを、あなたもどこかで聞いたことがあるでしょう。だったら、あなたが手に取ってほしいものを真ん中に置いておけばよいのです。

第8章 遠回しに人を操る

何らかの主張を相手に直接すると、拒否されたり、嫌われたり、相手を傷つけてしまうこともしばしばです。

だったら、他の第三者の存在の陰に隠れて、「間接的」な手段でアプローチしてみるのもいいでしょう。

あなたの存在やあなたの意図が誰にも気づかれることがない、「透明人間」になったかのような心理術です。

心理術 55 メッセージは第三者を経由すると効果的

たとえば、あなたが神崎君という部下を叱りたいとします。しかし、神崎君はメンツにこだわるので、面と向かって叱り飛ばしたら、会社を辞めてしまうかもしれない。そんなとき、どうすればいいでしょう。

簡単です。まったく無関係の鈴木君を叱り飛ばせばいいのです。

これは心理学で「間接暗示話法」と呼ばれる手法で、第三者を経由して相手の心を動かす、という暗示テクニックです。

たとえば、映画やテレビの撮影現場では、監督がスタッフをつかまえて大声で怒鳴り散らす光景がよく見られます。これはスタッフ本人を叱っているのではなく、その場にいる全員、とくにそのシーンに登場している役者さんたちを叱っているのです。

ちなみにV9時代の巨人軍では、長嶋茂雄さんが叱られ役だったそうです。川上哲治監督は、あえてスターの長嶋さんを叱り飛ばすことで、若手選手に活を入れていたのです。そして長嶋さんは叱られれば叱られるほど、発奮するタイプだったといいます。理想的な関係でしょう。

意外なほど反発心が芽生えない

このように間接暗示話法は、直接注意しづらい相手に使うことが多いのですが、それ以外のメリットもあります。

もしあなたが嫌いな上司から説教を食らったら、多かれ少なかれ反発するでしょう。相手がどんなに正論を述べていても、腹が立つはずです。

しかし、間接暗示話法によって第三者経由で伝えられると、自分に直接向かってこないぶん、意外なほど反発心が芽生えず、素直に受け入れることができるのです。

もちろん、その陰には撮影現場のスタッフのように、さしたる理由もなく叱られている人がいるわけですが、その部分に目をつぶれば、かなり効果的なテクニックといえます。

直接伝える以外の手もある

心理術 56 なぜうわさ話を信じてしまうのか？

あなたの上司は社内で愛妻家として通っている人だとします。ところが同僚が、「じつは社内不倫してるんだって」とコソコソ話をしていた。このうわさ話の真偽はまったくわからないし、興味がないとしても、他の誰かに上司のことを聞かれたら、あなたはきっとこう答えるはずです。

「ここだけの話、じつは社内不倫してるみたいだよ」

人は、事の真相を確かめずに、うわさ話やゴシップを大いに信じてしまう傾向があることを、カナダにあるカルガリー大学の心理学者、デビッド・ジョーンズが証明しています。

偶然耳にした情報のほうに信憑性を感じる

博士はまず、「電話帳を引いて名前を調べる実験です」という名目で被験者を集め、待合室に待機させました。

このとき、待合室には2名のサクラの女性がいて、他にも聞こえる程度の声で次のようにしゃべります。

A「この実験、おもしろいらしいよ」

B「この実験、退屈らしいよ」

被験者たちはこのいずれかを聞いてから、実験に参加するのです。

そして実験が終了した後、実験への評価を尋ねたところ、Aの「おもしろいらしいよ」というコソコソ話を聞いていた人たちは、一様に「おもしろかった」と答え、Bの「退屈らしいよ」というコソコソ話を聞いていた人たちは、「つまらなかった」

と答えたのです。

この「人は偶然耳にしたうわさ話のほうに信憑性を感じる」という働きのことを、心理学では「漏れ聞き効果」と呼びます。

つまり、自分自身の感想だと思っていたことが、うわさ話に大きく影響を受けていたのです。正面から主張するよりも、うわさ話にしてこっそり耳に入れたほうが、相手は受け入れやすくなるのです。

人はコソコソ話に聞き耳を立てる

心理術
57

クレジットカードのロゴに潜む「ある秘密」

世界各国のレストランを格付けする『ミシュランガイド』によると、日本は世界で一番の美食大国なのだそうです。このガイド本に取り上げられたお店に一度は行ってみたいと思う人も多いでしょう。

そのとき気になるのが、予算はどのくらい必要になるか、ということでしょう。「時価」という表記しかない寿司屋は多いし、フレンチでワインを頼もうものなら、とたんに金額が跳ね上がってしまいます。持ち合わせが足りるかどうか気になり始めて、食事を楽しむどころではなくなってしまう人もいるかもしれません。

お会計するときになって初めてクレジットカードが使えることを知ると、「なんだ、あまり心配するんじゃなかったな」と後悔するはずです。そう。カードを使えることが最初からわかっていると、人は安心感をもち、財布のひももゆるむのです。

ロゴが入るだけでより多くお金を使う傾向に

ニューヨーク大学のプライア・ラグバー博士が114名を対象にした調査結果があります。

まず、新しくオープンするレストランについて書かれた紹介文を2種類用意し、一方の文章にのみクレジットカードのロゴを記載しました。そして、このレストランでディナーをとるとしたらいくら注文するかを調査しました。

すると、カードのロゴが記載された紹介文を読んだ人のほうが、圧倒的に金額が大きくなっていたのです。

これは飲食店以外でも同じことがいえ、カードのロゴがあるほうがより多くお金を使う傾向が認められます。

ここで、本当は教えたくない秘訣を教えます。カードのロゴを目立つようにドアなどに貼るのは悪趣味。もっとお客の無意識に訴える方法がいいでしょう。

それは、メニューの片隅に記載しておくこと。お客はメニューを見つつ、安心感から次々に注文するはずです。

カードの心理的効果には要注意

心理術58 「忘れてくれ」と言うと、忘れない

上司から「今度の日曜、ちょっと出勤してくれないかな」と頼まれたが、休日出勤なんてしたくないあなたは、「予定があって、ちょっと……」と断ることにしたとします。

すると上司は「そうだよな。気にしなくていいから、忘れてくれ」と言って、あっさり引き下がりました。そうなると、あなたは「日曜に何かあるのか？」と、とても気になってしまうはずです。

このように、人は「忘れてくれ」と言われると、かえって忘れにくくなります。

そして「気にしなくていいから」と言われると、逆に気になるのが人間なのです。

これは、スタンフォード大学のリー・ロス教授によっても明らかにされている、不思議な心理メカニズムです。説得を「忘れにくくさせる」テクニックとして、極めて有効なのでぜひ身につけておきましょう。

サラッと最後に付け加えるのがコツ

具体的な使用法は、以下のとおりです。

ひととおり説得を試みたのに、どうも相手に納得してもらえない。そんな場合には、サラッとこう付け加えるのです。

「ま、忘れてくれていいから」

「今言ったこと、たいしたことじゃないから」

「こういう意見もあるってだけの話だから、べつに気にしなくていいよ」

いったん引き下がって放ったこの言葉の威力は絶大です。

もはや、相手が抵抗する理由は何もありません。だから警戒したり緊張したりする必要もなく、無防備になるのです。

それと同時に、ほとんど無意識のうちに、あなたの主張を検討してしまうのです。

まるで余熱で料理されるかのように。

いったん主張を取り下げてみる

心理術 59

長い時間をかけて人を操る方法

人を変えようと思うなら、徳川家康の「鳴くまで待とう時鳥（ほととぎす）」のように、変わるまでじっと待つことも必要です。くれぐれも織田信長のように「鳴かぬなら殺してしまえ」とは思わぬことです。

人の心は、言われてすぐに変化することは少ないものです。時間をかけてゆっくりと変化していくのが人の心なのです。

とくに説得するときのように、相手を自分の思う方向に変えさせようとするなら、なおさらです。

インディアナ州にあるパーデュ大学の心理学者、リチャード・ヘズリンは次のような実験をおこないました。

まず、90名の大学生に対し、絶対に受け入れられないような文章を読ませました。実験で使用されたのは「CIA（中央情報局）は国際テロから国民を守るために、国民の郵便物を勝手に開封・閲覧してもよい」という文章でした。

もちろん、これを読んだ大学生たちはみんな同意しません。ところが、6週間後にもう一度この文章について尋ねると、同意するようになったのです。

こうした長い時間をかけて起こる心理的変化のことを、「スリーパー効果」と呼びます。それでは、どうしてスリーパー効果は起こるのでしょうか。

これについては「自分と異なった意見を受け入れる（内在化する）のには、それなりに時間が必要」というのが、一般的な見解となっています。

相手の変化は気長に待つ

確かに、人に言われてすぐそのとおりに従うのは、敗北感や屈辱感を伴うものです。言うべきことを言うのは大切なこと。しかし、相手の変化は気長に待ちましょう。ちゃんと伝えてしまえば、その言葉は相手の潜在意識に残ります。そしてフライパンの上でバターが溶けるように、かたくなな人の心もゆっくりと溶けていくのです。

鳴くまで待つのもひとつの手

心理術
60

お願いする相手に「近しい人」を味方につけよ

最初に、オーストラリア・ナショナル大学のクレイグ・マッガーティ博士による実験結果を見ていただきましょう。

まず、博士は「脳障害者の多くは、社会の側に責任がある。なぜなら交通事故、飲酒運転などが原因だから。政府はもっと予防に力を入れるべきだ」という趣旨の説得文を作成しました。

これを博士自身が読み上げて説得するよりも、被験者と主義・主張が同じグループの人たちから読み聞かされた場合のほうが、より多くの説得効果があったのです。

つまり、医者や教師のような権威のある人物よりも、自分と心的に近い距離にいる人物、たとえば友達からのほうが圧力を感じたのです。

これを心理学では「ピア・プレッシャー」といいます。ピア（peer）とは「同僚・仲間」の意味です。

「嫌われたくない」「疎外されたくない」心理

たとえば、親が子どもに「勉強しなさい」と説得しても、子どもは聞きません。そこで誰に頼むかといえば、子どもの友達に「うちの子を説得してくれ」と頼むのです。

次ページの図を見てください。

まず、親が子どもに説得を試みますが、これが失敗する。すると今度は、子どもの友人A、友人B、友人Cをリストアップする。

そしてA、B、Cのうち誰が適任か判断し、子どもへの説得をお願いするのです。

いざとなったら友達にお願いする

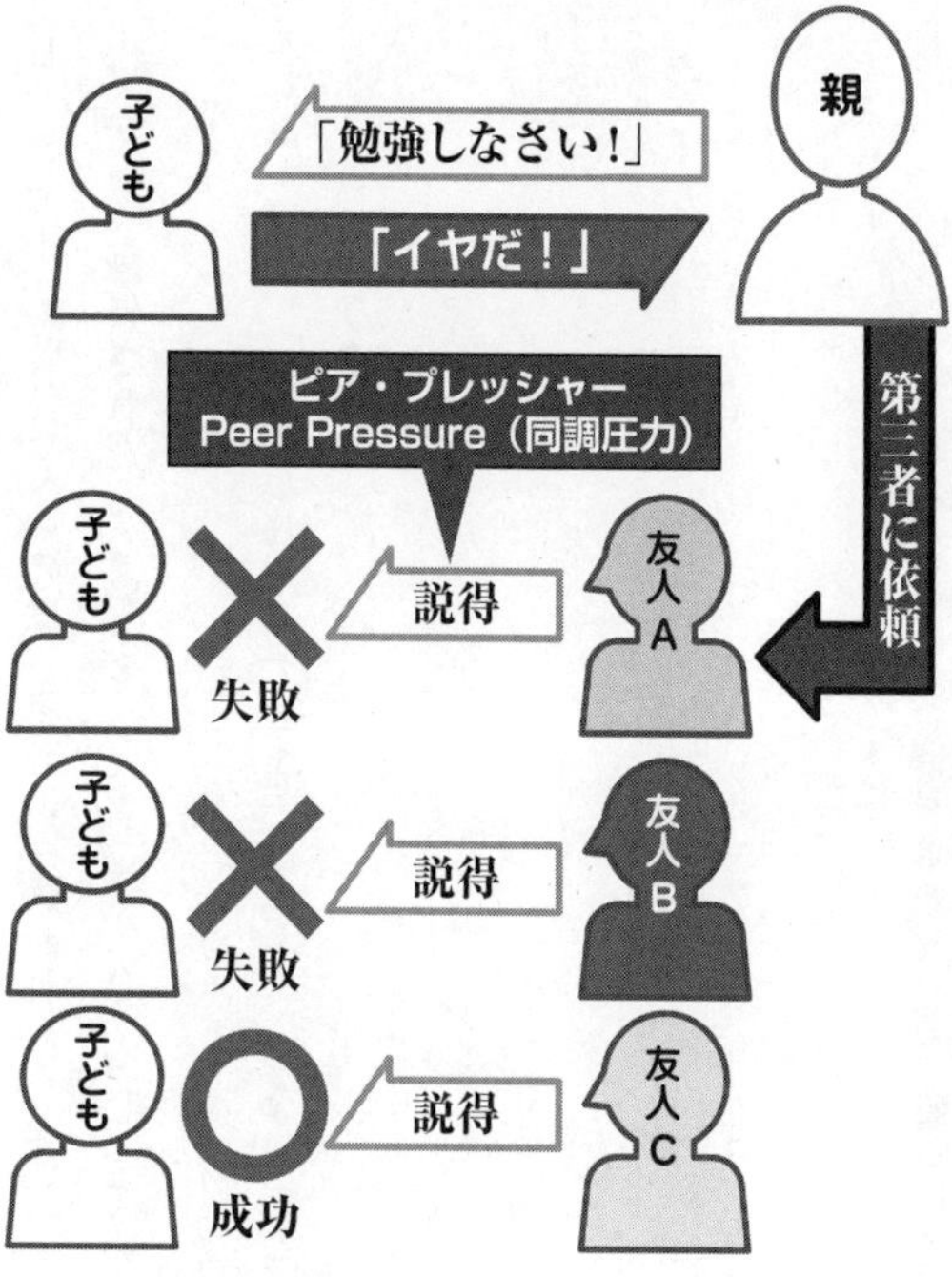

親

子ども

「勉強しなさい！」

「イヤだ！」

第三者に依頼

ピア・プレッシャー
Peer Pressure（同調圧力）

子ども　失敗　説得　友人A

子ども　失敗　説得　友人B

子ども　成功　説得　友人C

仲間意識を大切にする人間は、
友人、同僚、同輩などの意見・主張を
尊重する

こういった根回し的手法のことを、心理学では「第三者法」と呼びます。

ピア・プレッシャーが断りにくいのは、単純に「嫌われたくない」という心理と、そのグループから「疎外されたくない」という心理が入り交じっているためと思われます。

逆に考えれば、「こいつに嫌われたって、痛くもかゆくもない」という相手からの説得は、断りやすいのです。

友人からのお願いは受け入れやすい

心理術
61

見ているだけで操られている？

街中に溢れる広告には「最新の機能が満載！」「10種類の有効成分配合！」「全品たったの270円！」などと、これでもかというほどのメッセージがてんこ盛りにされています。

そんな派手な広告がある一方で、「これって広告効果あるの？」と疑問に思ってしまうようなものもあります。

メモ帳の下に小さく印刷されたロゴ、駅の階段の段差に貼られたショップ名だけのステッカー、バス停の時刻表の横に添えられた「○○病院すぐそこ」の8文字。

どこにも宣伝文句らしきものはなく、何もアピールしてはいない。しかし、この広告効果をあなどってはいけません。

目にする、それだけで、あなたの無意識には深くこの視覚的イメージが刻み込まれているからです。

意識せずとも好意をもってしまう

メリーランド大学マーケティング部准教授のロセリーナ・フェラーロは、表情の分析と称して126名の大学生を集め、「人の表情に注意してほしい」と言って20枚の写真を見せる実験をしました。

バスを待っている人やランチを食べようとしている人などが写っていたのですが、それらの写真の中に、あるミネラルウォーターをこっそりと写り込ませていました。

実験後、4種類のミネラルウォーターを用意し、その中から学生が何を選ぶか調査したところ、こっそり写っていたものを選ぶ人が多かったのです。

つまり、意識せずとも、見ているだけでその対象に好意をもってしまっていたのです。

同様に先にあげた例でも、あなたは無意識のうちに「メモ帳の下のロゴ」の企業に親近感を抱き、「階段のステッカー」のお店にいつか行ってみようと思い、急病になったらすぐそこの「○○病院」に駆け込むはずなのです。

さりげなく見せるのも効果大

心理術
62

恋愛の話をすると、人は優しくなる

あなたには恋人がいますか？　今、ここでその恋人のことを思ってください。現在フリーの人は、元カレ／元カノとの楽しかった記憶を思い出してください。どうですか？　なんとなく幸せな気分になり、心に宿る甘酸っぱい恋愛感情を感じませんか？

――今、筆者は、言葉だけであなたにイメージを想起させて、あなたの心を動かしました。これを心理学では「プライミング」の効果と呼びます。

なかには何も感じなかった人もいるかもしれませんが、本書は心理術を解説する

言葉のイメージで心は動く

グレイトマイヤー博士による別の実験

❶ この歌を聴いてください

Aグループ
普通の曲

Bグループ
愛他的な歌詞の曲
↓
プライミング

❷ 謝礼として2ユーロ差し上げます。これを募金してくれませんか？

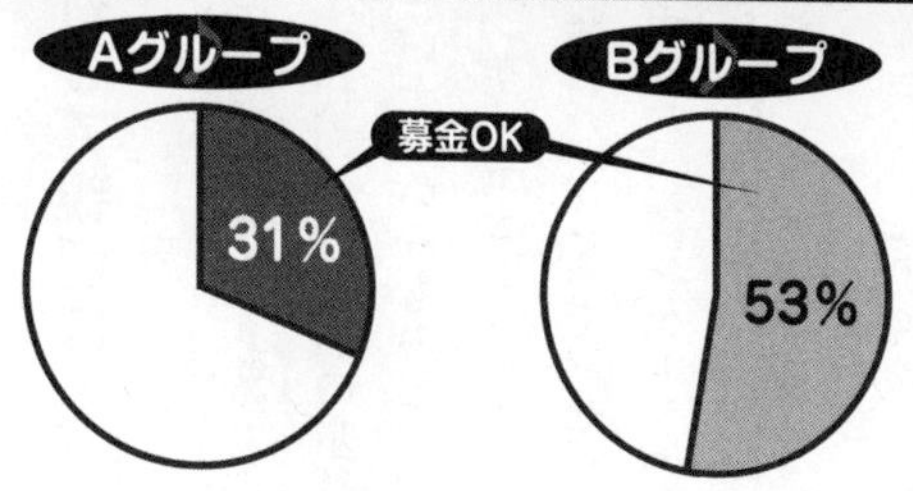

(Greitemeyer,T.2009)

心温まる話や歌詞を聞くだけで、プライミングされて親切な気分になり、人に優しくなる

本であって、あなたの心理分析をする本ではないため、気にせず話を進めます。

ハッピーな気分になり、他人に対して親切に

そこで1つ、恋愛感情が及ぼす効果についての実験データを紹介しましょう。

パリ大学のリュボマー・ラミー博士は、30～50代の253名の歩行者に声をかけ、「あなたの好きな音楽について聞かせてください」というものと、「あなたの恋人について聞かせてください」という2種類のアンケートをとりました。

アンケートが終わり、歩行者が50メートル離れたところで、サクラが「バスに乗るため小銭をください」と声をかけました。すると、アンケートで「音楽」を聞かれた人は17・3％しか小銭をくれなかったのに対し、「恋人」のことを聞かれた人は31・0％も小銭をくれたのです。

つまり、アンケートで恋人について尋ねられた人たちは「プライミング」によって恋愛感情を喚起させられ、ハッピーな気分になり、他人に対して親切になったの

です。

だからこれからは、何か援助を頼むときには、先に恋愛感情を喚起させてから頼むと効果が上がるでしょう。

相手の携帯の待ち受け画面が恋人の写真であったりすると、話すきっかけとしてはまさに好都合です。

恋愛感情は人を優しくさせる

おわりに

本書では、あなたの人生を変えるかもしれないほどの力を秘めた心理術を、これでもかというほど紹介してきました。

古くから知られている古典的な心理術もあれば、つい最近発見された心理術まで、広く網羅(もうら)してあり、これ一冊で十分な心理学の知識を得ることができるはずです。

もちろん、どれも机上(きじょう)の空論などではありません。実際の人間関係で大いに役立つものばかりなので、ぜひとも実践の場で活用してください。

心理学ほど、実践的な学問はないといっていいでしょう。本書においても、これらの心理術を解説する際には、実際におこなわれた豊富な実験データを使用しています。

しかし、本書で紹介している実験結果などはすべて欧米のものです。

そこで、次のような疑念を抱く人も少なくないでしょう。

「日本人とアメリカ人では国民性が違うから、アメリカの研究データなんて、参考にならないのでは？」

これは筆者が講演会などに行ったときにも、よく聞かれる質問です。

しかし、そのような心配をする必要はないと断言しましょう。

なぜなら、アメリカは多民族国家であり、さまざまな人種や宗教の人々が共存しています。そのため、むしろアメリカでの研究データこそ、国籍や肌の色、思想信条などを超えた普遍性をもっているといえるのです。

実際、ハリウッド映画を観ていても、簡単に感情移入することができるでしょう。心の奥深くを研究する心理学にとって、国籍の違いなどさほど大きな問題ではないのです。

本書の内容も、極めて普遍的な心理術の紹介であることを、ここに保証しておきましょう。そして、ここまで読んでいただいた読者のみなさまに感謝します。筆者が本書を上梓(じょうし)できるのも、読者のみなさまのおかげです。

内藤誼人

354-367.

Ulkumen, G., Thomas, M., & Morwitz, V. G. 2008 Will I spend more in 12 months or a year? The effect of ease of estimation and confidence on budget estimates. Journal of Consumer Research, 35, 245-256.

Van den Putte, B., & Dhondt, G. 2005 Developing successful communication strategies: A test of an integrated framework for effective communication. Journal of Applied Social Psychology, 35, 2399-2420.

VanKleef, G. A. DeDrew, C. K. W., & Manstead, A. S. R. 2004 The interpersonal effects of anger and happiness in negotiations. Journal of Personality and Social Psychology, 86, 57-76.

Walter, E., Walter, W., Piliavin, J., & Schmidt, L. 1973 "Playing hard to get" : Understanding an elusive phenomenon. Journal of Personality and Social Psychology, 26, 113-121.

Weisbuch, M., Sinclair, S. A., Skorinko, J. L., & Eccleston, C. P. 2009 Self-esteem depends on the beholder: Effects of a subtle social value cue. Journal of Experimental Social Psychology, 45, 143-148.

White, K., & Lehman, D. R. 2005 Culture and comparison seeking: The role of self motives. Personality and Social Psychology Bulletin, 31, 232-242.

Zaragoza, M. S., Payment, K. E., Ackil, J. K., Drivdahl, S. B., & Beck, M. 2001 Interviewing witnesses: Forced confabulation and confirmatory feedback increase false memories. Psychological Science, 12, 473-477.

Zitek, E. M., Jordan, A. H., Monin, B., & Leach, F. R. 2010 Victim entitlement to behave selfishly. Journal of Personality and Social Psychology, 98, 245-255.

キングマ，D. R.（玉置悟訳）『好きな人と最高にうまくいく本』KKベストセラーズ（1997年）

スタンリー，T. J.（広瀬順弘訳）『なぜ、この人たちは金持ちになったのか』日本経済新聞社（2001年）

リーバーマン，D. J.（山田仁子訳）『相手の隠しごとを丸ハダカにする方法』ダイヤモンド社（2010年）

impact of perceived salesperson listening behavior on relationship outcomes. Journal of Academy of Marketing Science, 25, 127-137.

Reevy, G. M. & Maslach, C. 2001 Use of social support: Gender and personality differences. Sex Roles, 44, 437-459.

Robinson, J., & Zebrowitz, L. M. 1982 Impact of salient vocal qualities on causal attribution for a speaker's behavior. Journal of Personality and Social Psychology, 43, 236-247.

Ross, L., Lepper, M. R., & Hubbard, M. H. 1975 Perseverance in self-perception and social perception: Biased attributional processes in the debriefing paradigm. Journal of Personality and Social Psychology, 32, 880-892.

Sela, A., Berger, J., & Liu, W. 2009 Variety, vice, and virtue: How assortment size influences option choice. Journal of Consumer Research, 35, 941-951.

Sharpe, K. M., Staelin, R., & Huber, J. 2008 Using extremeness aversion to fight obesity: Policy implications on context dependent demand. Journal of Consumer Research, 35, 406-422.

Shrauger, S., & Jones, S. C. 1968 Social validation and interpersonal evaluations. Journal of Experimental Social Psychology, 4, 315-323.

Siegman, A. W. 1976 Do noncontingent interviewer Mm-hmms facilitate interviewee productivity? Journal of Consulting and Clinical Psychology, 44, 171-182.

Silverthorne, C., Micklewright, J., O'Donnell, M., & Gibson, R. 1976 Attribution of personal characteristics as a function of the degree of touch on initial contact and sex. Sex Roles, 2, 185-193.

Smoll, F. L. Smith, R. E., Barnett, N. P., & Everett, J. J. 1993 Enhancement of children's self-esteem through social support training for youth sport coaches. Journal of Applied Psychology, 78, 602-610.

Strick, M., van Baaren, R. B., Holland, R. W., & van Knippenberg, A. 2009 Humor in advertisements enhances product liking by mere association. Journal of Experimental Social Psychology: Applied, 15, 35-45.

Tormala, Z. L., DeSensi, V. L., & Petty, R. E. 2007 Resisting persuasion by illegitimate means: A metacognitive perspective on minority influence. Personality and Social Psychology Bulletin, memories of love and helping behavior. Psychological Reports, 102, 418-424.

Lindsey, L. L. M., Yun, K. A., & Hill, J. B. 2007 Anticipated guilt as motivation to help unknown others: An examination of empathy as a moderator. Communication Research, 34, 468-480.

Liu, W., & Aaker, J. 2008 The happiness of giving: The time-ask effect. Journal of Consumer Research, 35, 543-557.

Lount, R. B. Jr. 2010 The impact of positive mood on trust in interpersonal and intergroup interactions. Journal of Personality and Social Psychology, 98, 420-433.

McCullough, J. L., & Ostrom, T. M. 1974 Repetition of highly similar messages and attitude change. Journal of Applied Psychology, 59, 395-397.

McGarty, C., Haslam, S. A., Hutchinson, K. J., & Turner, J. C. 1994 The effects of salience group memberships on persuasion. Small Group Research, 25, 267-293.

McMahan, C. R. 1991 Evaluation and reinforcement: What do males and females really want to hear? Sex Roles, 24, 771-783.

Miles, L. K. 2009 Who is approachable? Journal of Experimental Social Psychology, 45, 262-266.

Mishra, H., Shiv, B., & Nayakankuppam, D. 2008 The blissful ignorance effect: Pre-versus post-action effects on outcome expectancies arising from precise and vague information. Journal of Consumer Research, 35, 573-585.

Pinto, M. B. 2000 On the nature and properties of appeals used in direct-to-consumer advertising of prescription drugs. Psychological Reports, 86, 597-607.

Principe, G. F., Kanaya, T., Ceci, S. J., & Singh, M. 2006 Believing is seeing: How rumors can engender false memories in preschoolers. Psychological Science, 17, 243-248.

Raghubir, P., & Srivastava, J. 2008 Monopoly money: The effect of payment coupling and form on spending behavior. Journal of Experimental Psychology: Applied, 14, 213-225.

Raghubir, P., & Srivastava, J. 2009 The denomination effect. Journal of Consumer Research, 36, 701-714.

Ramsey, R. P. & Sohi, R. S. 1997 Listening to your customers: The

Physicians' liking for their patients: More evidence for the role of affect in medical care. Health Psychology, 12, 140-146.

Heslin, R. & Sommers, P. M. 1987 The sleeper effect: Susceptibility of selective avoiders who hold extreme views. Psychological Reports, 61, 982.

Higgins, E. T., Cesario, J., Hagiwara, N., Spiegell, S., & Pittman, T. 2010 Increasing or decreasing internet in activities: The role of regulatory fit. Journal of Personality and Social Psychology, 98, 559-572.

Homer, P. M., & Kahle, L. R. 1990 Source expertise, time of source identification and involvement in persuasion: An elaborative processing perspective. Journal of Advertising, 19, 30-39.

Howard, D. J., Gengler, C., & Jain, A. What' s in a name? A complimentary means of persuasion. Journal of Consumer Research, 22, 200-211.

Jiang, L., Hoegg, J., Dahl, D. W., & Chattopadhyay, A. 2010 The persuasive role of incidental similarity on attitude and purchase intentions in a sales context. Journal of Consumer Research, 36, 778-791.

Jones, D. A., & Skarlicki D. P. 2005 The Effect of Overhearing Peers Discuss an Authority's Fairness Reputation on Reactions to Subsequent Treatment. Journal of Applied Psychology, Vol. 90, No. 2, 363-372.

Kaplan, K. J., firestone, I. J., Degnore, R., & Moore, M. 1974 Gradients of attraction as a function of disclosure probe intimacy and setting formality: On distinguishing attitude oscillation from attitude change-study one. Journal of Personality and Social Psychology, 30, 638-646.

Karmarkar, U. R., & Tormala, Z. L. 2010 Believe me, I have no idea what I' m talking about: The effects of source certainty on consumer involvement and persuasion. Journal of Consumer Research, 36, 1033-1049.

Kassin, S. M., & Kiechel, K. L. 1996 The social psycology of confessions: Compliance, internalization and confabulation. Psychological Science, 7, 125-128.

Lamy, L., Fischer-Lokou, J., & Gueguen, N. 2008 Semantically induced by imagining. Journal of Experimental Psychology: Applied, 7, 68-82.

Dillard, J. P. & Fitzpatrick, M. A. 1985 Compliance-gaining in marital interaction. Personality and Social Psychology Bulletin, 11, 419-433.

Elder, R. S., & Krishna, A. 2010 The effects of advertising copy on sensory thoughts and perceived taste. Journal of Consumer Research, 36, 748-756.

Ferraro, R., Bettman, J.R., & Chartrand, T. L. 2009 The power of strangers: The effect of incidental consumer brand encounters on brand choice. Journal of Consumer Research, 35, 729-741.

Galinsky, A. D., & Mussweiler, T. 2001 First offers as anchors: The role of perspective-taking and negotiator focus. Journal of Personality and Social Psychology, 81, 657-669.

Gardikiotis, A. 2005 Group consensus in social influence: Type of consensus information as a moderator of majority and minority influence. Personality and Social Psychology Bulletin, 31, 1163-1174.

Giacalone, R. A., & Riordan, C. A. 1990 Effect of self-presentation on perceptions and recognition in an organization, Journal of Psychology, 124, 25-38.

Goldman, M. & Creason, C. R. 1981 Inducing compliance by a two-door-in-the-face procedure and a self-determination request. Journal of Social Psychology, 114, 229-235.

Goldstein, N. J., Cialdini, R. B., & Griskevisius, V. 2008 A room with a viewpoint: Using social norms to motivate environmental conservation in hotels. Journal of Consumer Research, 35, 472-482.

Grant, A. M., & Gino, F. 2010 A little thanks goes a long way: Explaining why gratitude expressions motivate prosocial behavior. Journal of Personality and Social Psychology, 98, 946-955.

Greitemeyer, T. 2009 Effects of songs with prosocial lyrics on prosocial thoughts, affect, and behavior. Journal of Experimental Social Psychology, 45, 186-190.

Halberstadt, A. G. & Saitta, M. B. 1987 Gender, nonverbal behavior, and perceived dominance: A test of the theory. Journal of Personality and Social Psychology, 53, 257-272.

Hall, J. A., Epstein, A. M., De Ciantis, M. L., & McNeil, B. J. 1993

参考文献

Allen, C. T., Schewe, C. D., & Wijk, G. 1980 More on self-perception theory's foot technique in the pre-call/mail survey setting. Journal of Marketing Research, 17, 498-502.

Andersen, P., & Nordvik, H. 2002 Possible Barnum effect in the five factor model: Do respondents accept random NEO personality inventory-revised scores as their actual trait profile? Psychological Reports, 90, 539-545.

Apple, W., Streeter, L. A., & Krauss, R. M. 1979 Effects of pitch and speech rate on personal attributions. Journal of Personality and Social Psychology, 37, 715-727.

Baker, W. E., Honea, H., & Russell C. A. 2004 Do not wait to reveal the brand name. Journal of Advertising, 33, 77-85.

Barry, H. Ⅲ 2007 Characters named Charles or Chaeley in novels by Charles Dickens. Psychological Reports, 101, 497-500.

Barry, R. Ruback. & Juieng, D. 1997 Territorial defense in parking lots: Retaliation against waiting drivers. Journal of Applied Social Psychology, 27, 821-834.

Bickman, L. 1974 The social power of a uniform. Journal of Applied Social Psychology, 4, 47-61.

Bilewicz, M. 2009 Perspective taking and intergroup helping intentions: The moderating role of power relations. Journal of Applied Social Psychology, 39, 2779-2786.

Bowman, G. W. 1964 What helps or harms promotability? Harvard Business Review, January/February, 6-27.

Buehler, R. Griffin, D., & Ross, M. 1994 Exploring the "Planning Fallacy" : Why people underestimate their task completion times. Journal of Personality and Social Psychology, 67, 366-381.

Bui, N. H. 2007 Effect of evaluation threat on procrastination behavior. Journal of Social Psychology, 147, 197-209.

Calder, B. J., Insko, C. A., & Yandell, B. 1974 The relation of cognitive and memorial processes to persuasion in a simulated jury trial. Journal of Applied Social Psychology, 4, 62-93.

Chartrand, T. L., & Bargh, J. A. 1999 The chameleon effect: The perception-behavior link and social interaction. Journal of Personality and Social Psychology, 76, 893-910.

Cooper, G., Tindall-Ford, S., Chandler, P., & Sweller, J. 2001 Learning

著者紹介
内藤誼人（ないとう・よしひと）
心理学者、立正大学客員教授、有限会社アンギルド代表取締役社長。
慶應義塾大学社会学研究科博士課程修了。社会心理学の知見をベースに、ビジネスを中心とした実践的分野への応用に力を注ぐ心理学系アクティビスト。趣味は釣りとガーデニング。
『世界最先端の研究が教える　すごい心理学』（総合法令出版）、『いちいち気にしない心が手に入る本』（三笠書房）など著書多数。

本書は、2011年4月にＰＨＰ研究所から刊行された『【図解】一瞬で人を操る心理法則』を加筆・修正し、改題したものです。

ＰＨＰ文庫　10秒で人を操る心理術

2023年3月13日　第１版第１刷

著　者　内　藤　誼　人
発行者　永　田　貴　之
発行所　株式会社ＰＨＰ研究所
東京本部　〒135-8137　江東区豊洲5-6-52
ビジネス・教養出版部　☎03-3520-9617(編集)
普及部　☎03-3520-9630(販売)
京都本部　〒601-8411　京都市南区西九条北ノ内町11

PHP INTERFACE　https://www.php.co.jp/

組　版　宇　梶　勇　気
印刷所
製本所　図書印刷株式会社

 ISBN978-4-569-90298-2

PHP文庫

こうやって、考える。

外山滋比古 著

「無意識を使いこなす」「愛読書は作らない」など、過去の膨大な著作から発想力を鍛えるためのヒントを集めた箴言集、待望の文庫化！